あまちゃん
オープニングテーマ

作曲　大友良英
ピアノ編曲　江藤直子

作曲家 message

東日本大震災から２年後、みなが笑い方を忘れてしまったかに思えた時期にこのドラマがはじまりました。“朝の15分くらいは楽しい祭りにしよう” そう思って作ったのがこの曲です。譜面は参考程度に思いっきり自由に楽しく演奏してくれればと思っています。（大友良英）

JN022903

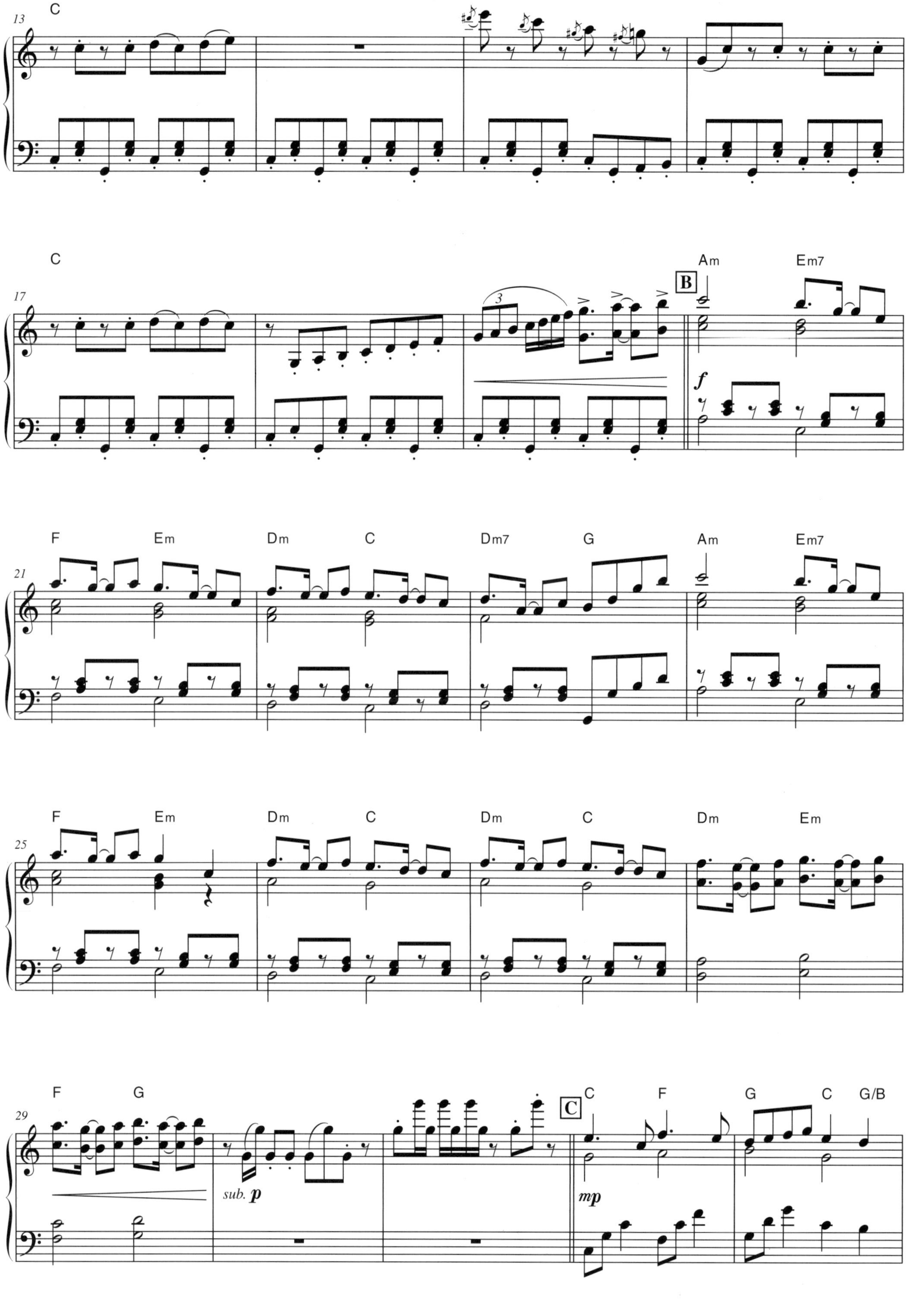
13
C
C
17
Am
Em7
B
f
3
F
Em
Dm
C
Dm7
G
Am
Em7
21
F
Em
Dm
C
Dm
C
Dm
Em
25
F
G
C
C
F
G
C
G/B
29
sub. p
mp

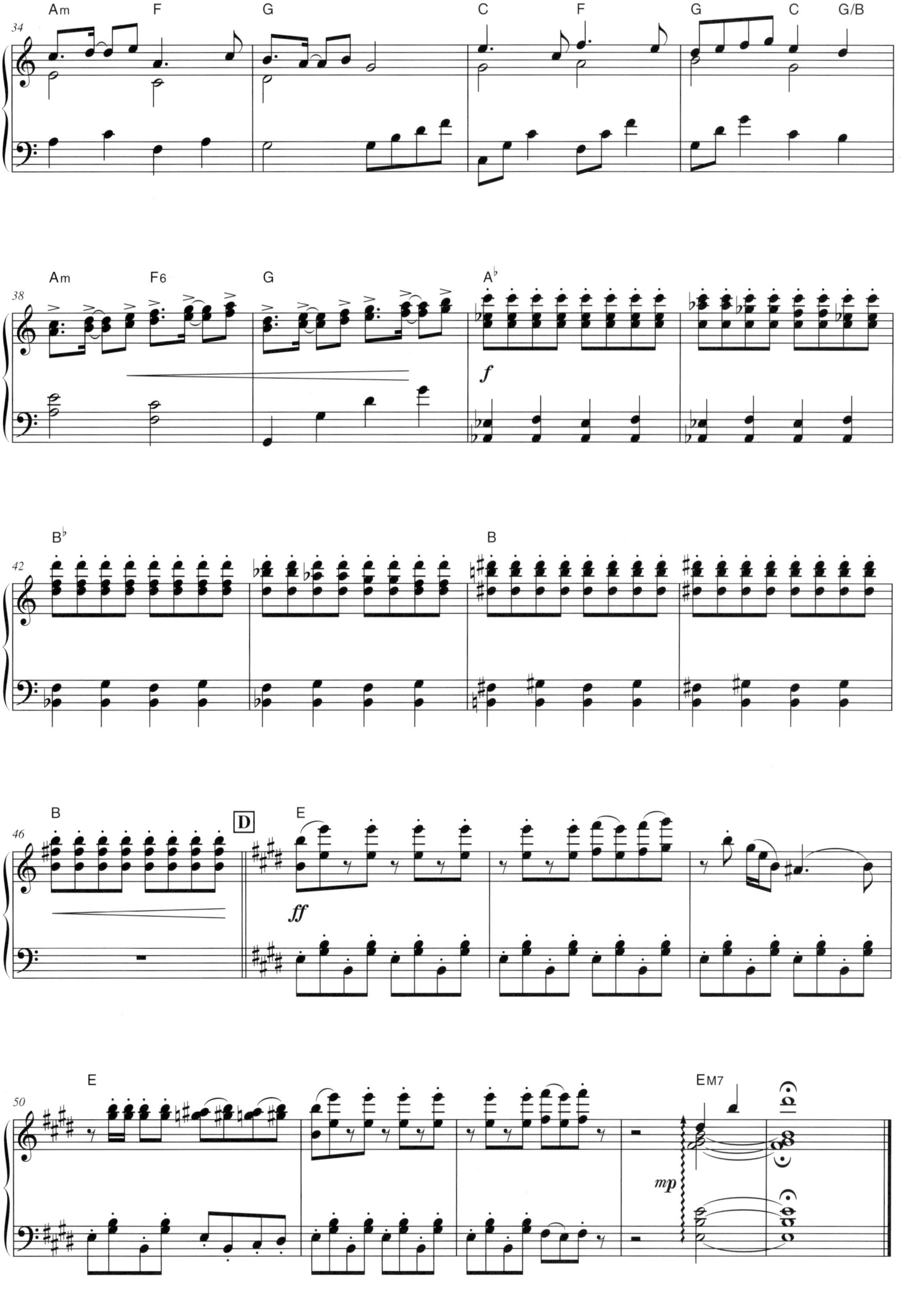
Am F G C F G C G/B
34
Am F6 G A♭
38
f
B♭ B
42
B D E
46
ff
E EM7
50
mp

作曲家 message

この楽曲は、当初テーマ曲としてインスト用に作曲しましたが、後に本番組の脚本を担当された岡田惠和さんに作詞をお願いし、平原綾香さんが歌うことで「おひさま～大切なあなたへ」という新たな作品に生まれ変わりました。結果、その年の日本レコード大賞編曲賞を受賞することになり、年末のNHK紅白歌合戦でも歌われることとなった私にとってとても思い出深い作品です。　（渡辺俊幸）

作曲　渡辺俊幸

「おひさま」メインテーマ

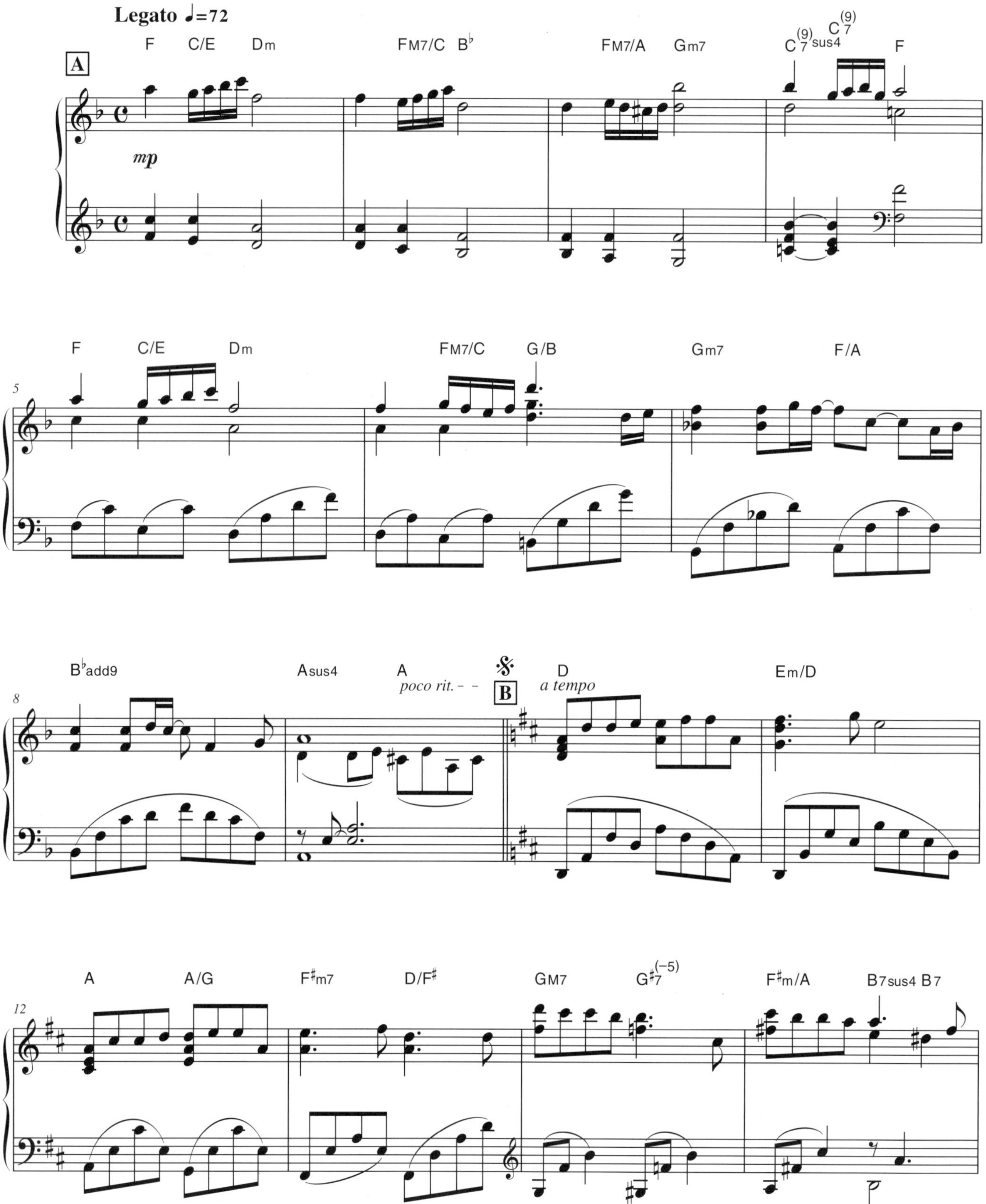

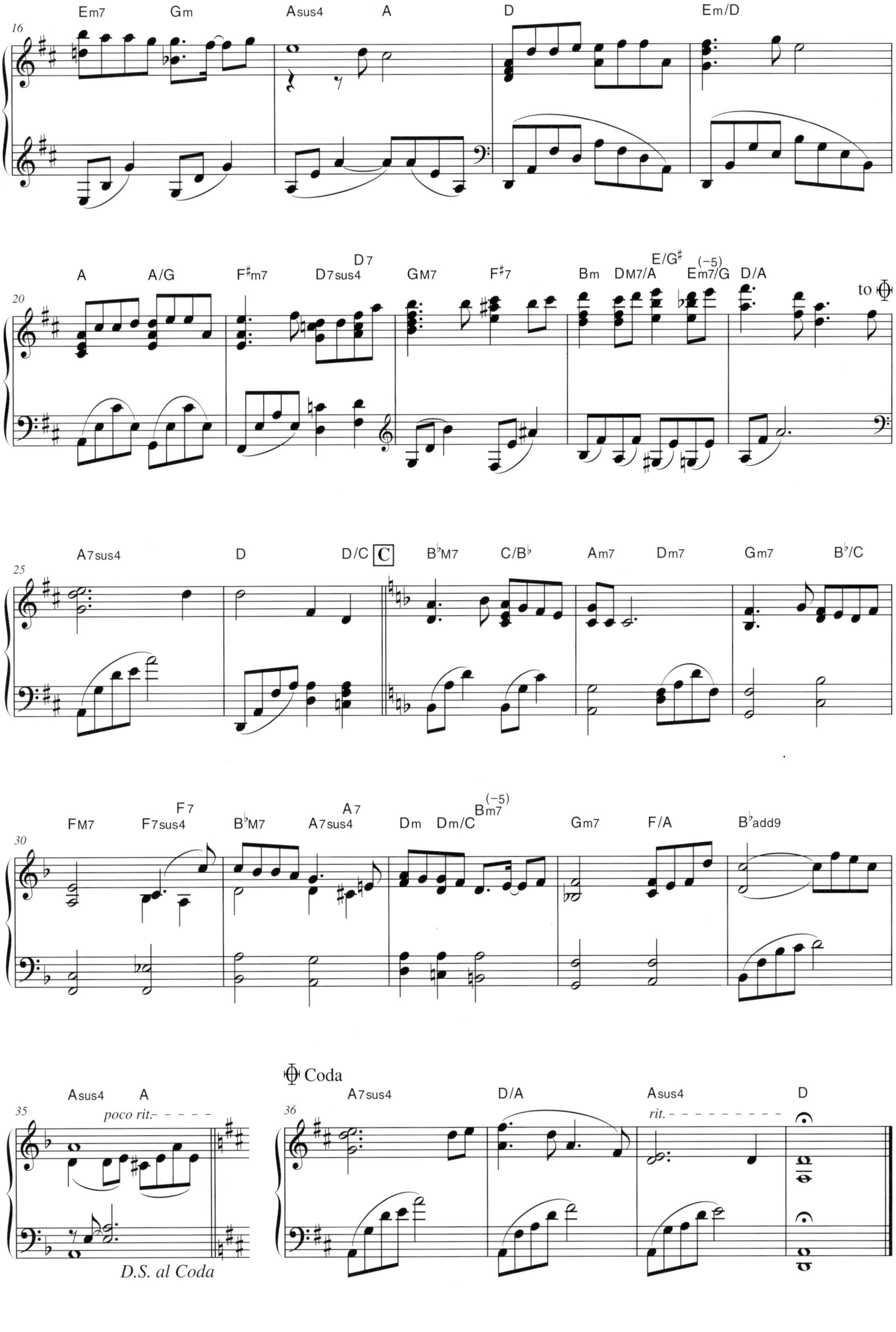
Em7 Gm Asus4 A D Em/D
16
A A/G F♯m7 D7sus4 D7 GM7 F♯7 Bm DM7/A E/G♯ Em7/G (−5) D/A
20
to Φ
A7sus4 D D/C C B♭M7 C/B♭ Am7 Dm7 Gm7 B♭/C
25
FM7 F7sus4 F7 B♭M7 A7sus4 A7 Dm Dm/C Bm7 (−5) Gm7 F/A B♭add9
30
Asus4 A
35
poco rit.
D.S. al Coda
Φ Coda
A7sus4 D/A Asus4 D
36
rit.

作曲　山下康介

作曲家 message

このメインテーマはトロンボーンという金管楽器をフィーチャーして作曲しました。ドラマは下町情緒が残る月島が舞台で、そして主人公の瞳はヒップホップダンサーを目指す、というお話でしたので、トロンボーンの温もりのある音色と、ダンスのように動くスライドがマッチするのではないかと考えました。トロンボーンのメロディとしては、少し高い音域も含みますが、中川英二郎さんによる演奏は、その魅力を存分に感じることができると思います。　(山下康介)

瞳
メインテーマ

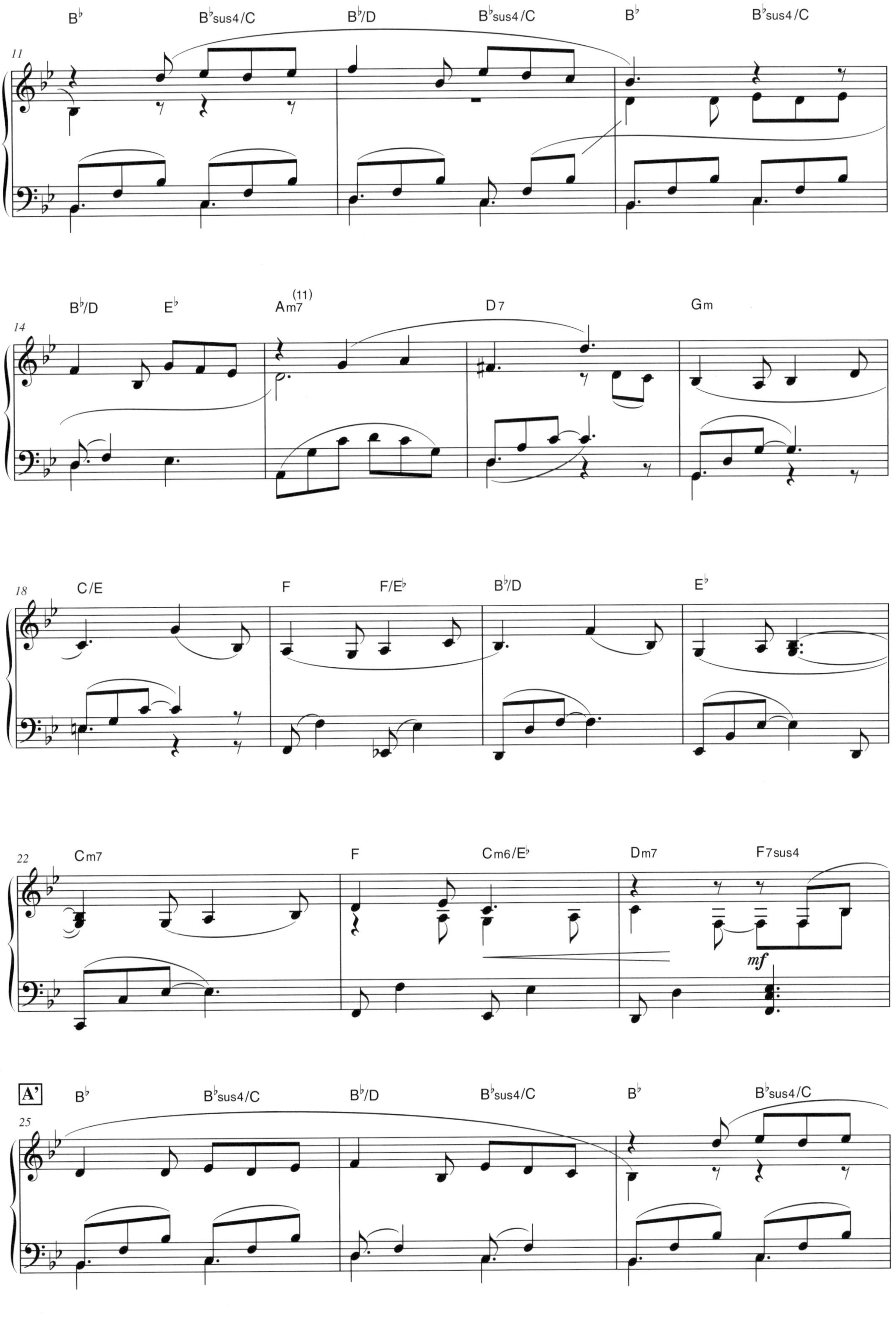
11
B♭
B♭sus4/C
B♭/D
B♭sus4/C
B♭
B♭sus4/C
14
B♭/D
E♭
Am7(11)
D7
Gm
18
C/E
F
F/E♭
B♭/D
E♭
22
Cm7
F
Cm6/E♭
Dm7
F7sus4
mf
A'
25
B♭
B♭sus4/C
B♭/D
B♭sus4/C
B♭
B♭sus4/C

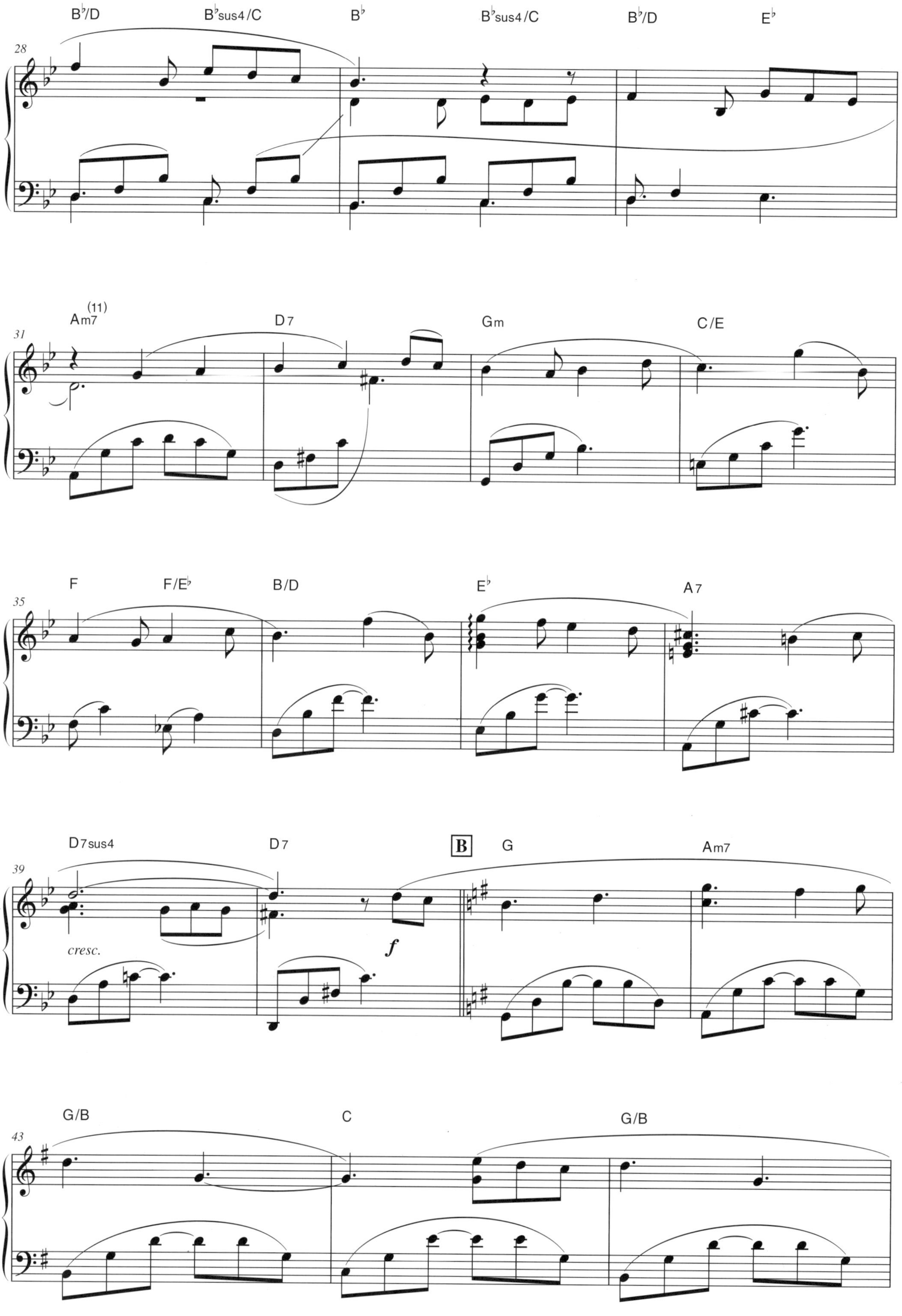
B♭/D
B♭sus4/C
B♭
B♭sus4/C
B♭/D
E♭
28
Am7(11)
D7
Gm
C/E
31
F
F/E♭
B/D
E♭
A7
35
D7sus4
D7
B
G
Am7
39
cresc.
f
G/B
C
G/B
43

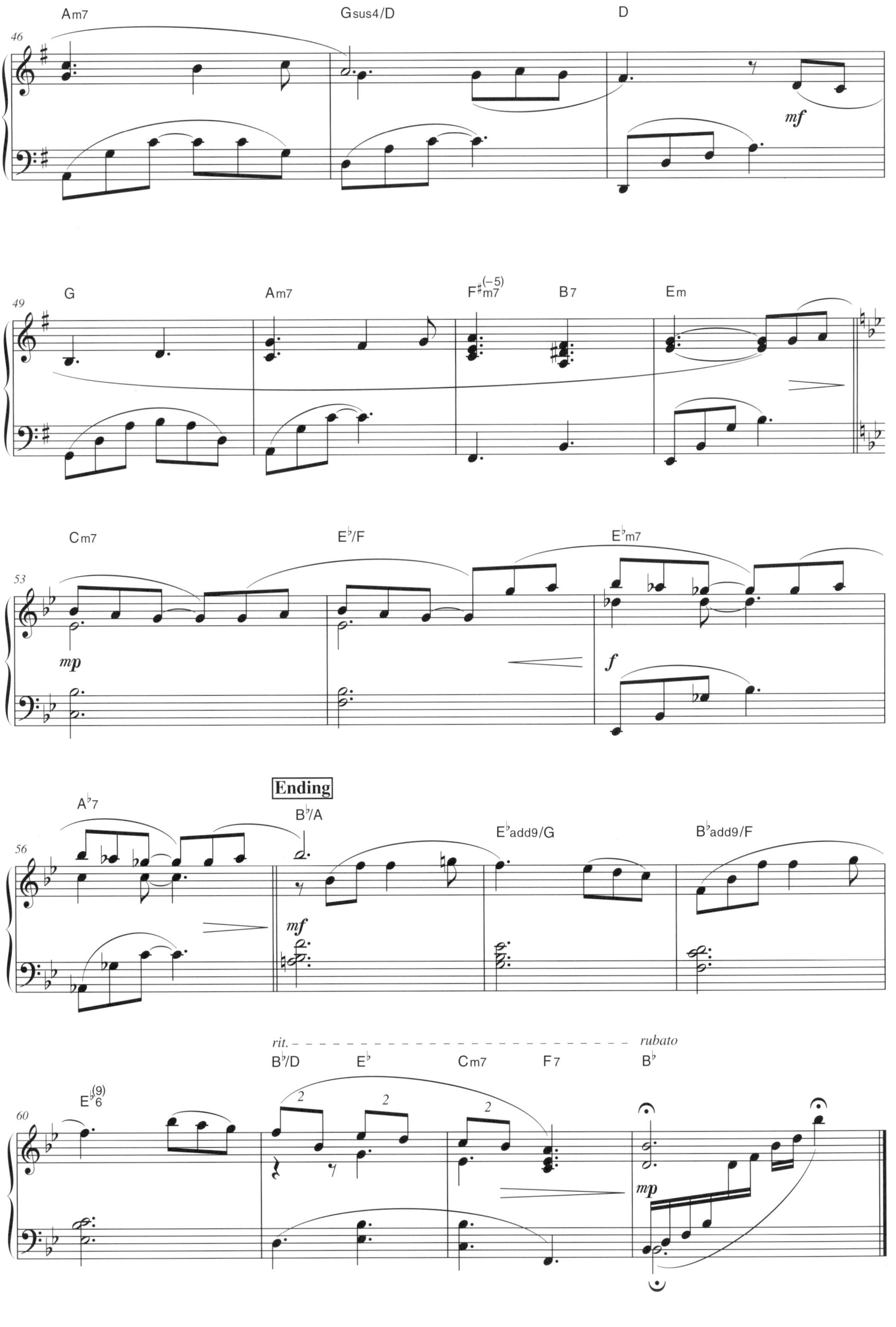
46
Am7
Gsus4/D
D
mf
49
G
Am7
F♯m7(−5)
B7
Em
53
Cm7
E♭/F
E♭m7
mp
f
56
A♭7
Ending
B♭/A
E♭add9/G
B♭add9/F
mf
60
rit.
rubato
E♭6(9)
B♭/D
E♭
Cm7
F7
B♭
mp

作曲家 message

「ちりとてちん」のテーマは、担当プロデューサーだった遠藤理史さんから「小浜の海をイタリアだと思って下さい」とのオーダーを受け作曲しました。喜代美の目に映るキラキラとした波のせせらぎを、曲の冒頭、グロッケンとハープで表現し、松下奈緒さんが弾くピアノのメロディーに導いています。子供の頃によく好きで聴いていたカンツォーネへの憧れを思い出しながら。　　　　（佐橋俊彦）

作曲　佐橋俊彦

THE WONDER YEARS ～あの素晴らしき歳月に～

（「ちりとてちん」メインテーマ）

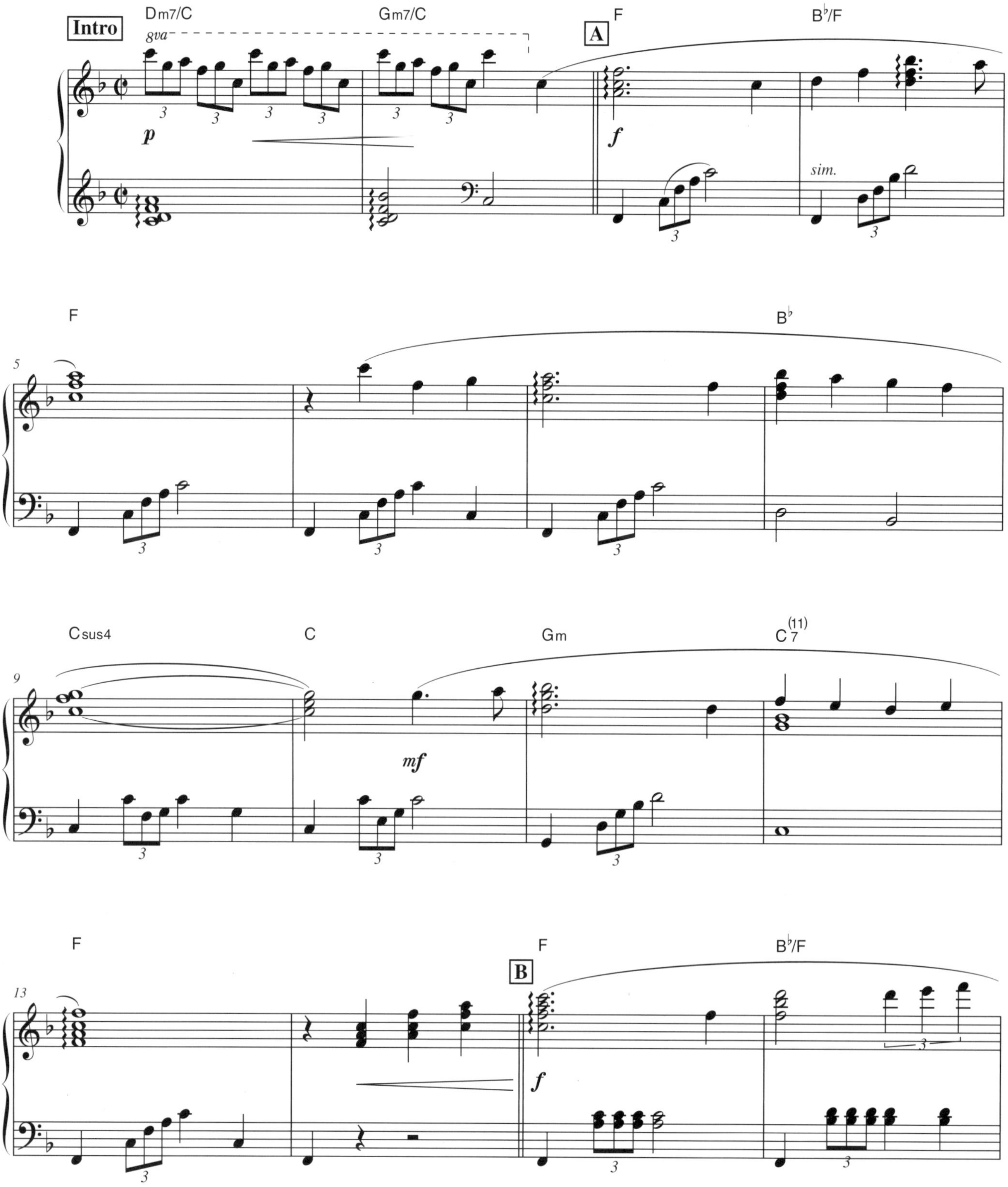

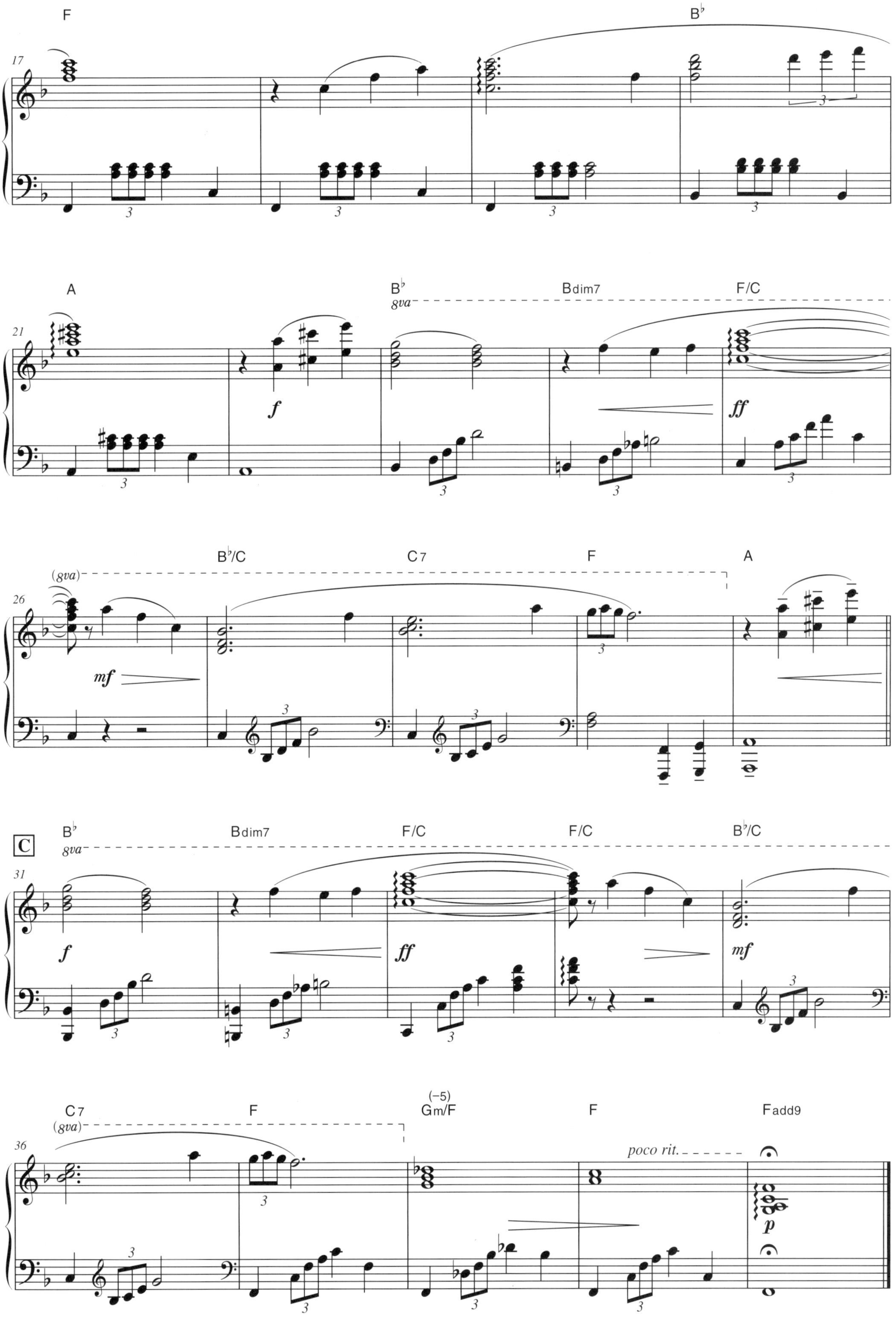
F
B♭
17
A
B♭
Bdim7
F/C
8va
21
f
ff
B♭/C
C7
F
A
(8va)
26
mf
C
B♭
Bdim7
F/C
F/C
B♭/C
8va
31
f
ff
mf
C7
F
(−5)
Gm/F
F
Fadd9
(8va)
36
poco rit.
p

作曲家 message

「純情きらり」のテーマ曲は最初からチェロの長谷川陽子さんの音色を念頭に作曲しました。「あすか」のテーマ曲がオーボエの高音だったこともあり、今度は心の根っこから響く音色、人生の支えとなるような音と言うことでチェロを選びました。ただ、決して暗くなく、ドラマのオープニング映像のように音符が飛んで行くような、風が一瞬目の前を通り過ぎるような音楽にしたいと思って作曲しました。　(大島ミチル)

作曲　大島ミチル

きらり

（「純情きらり」テーマ）

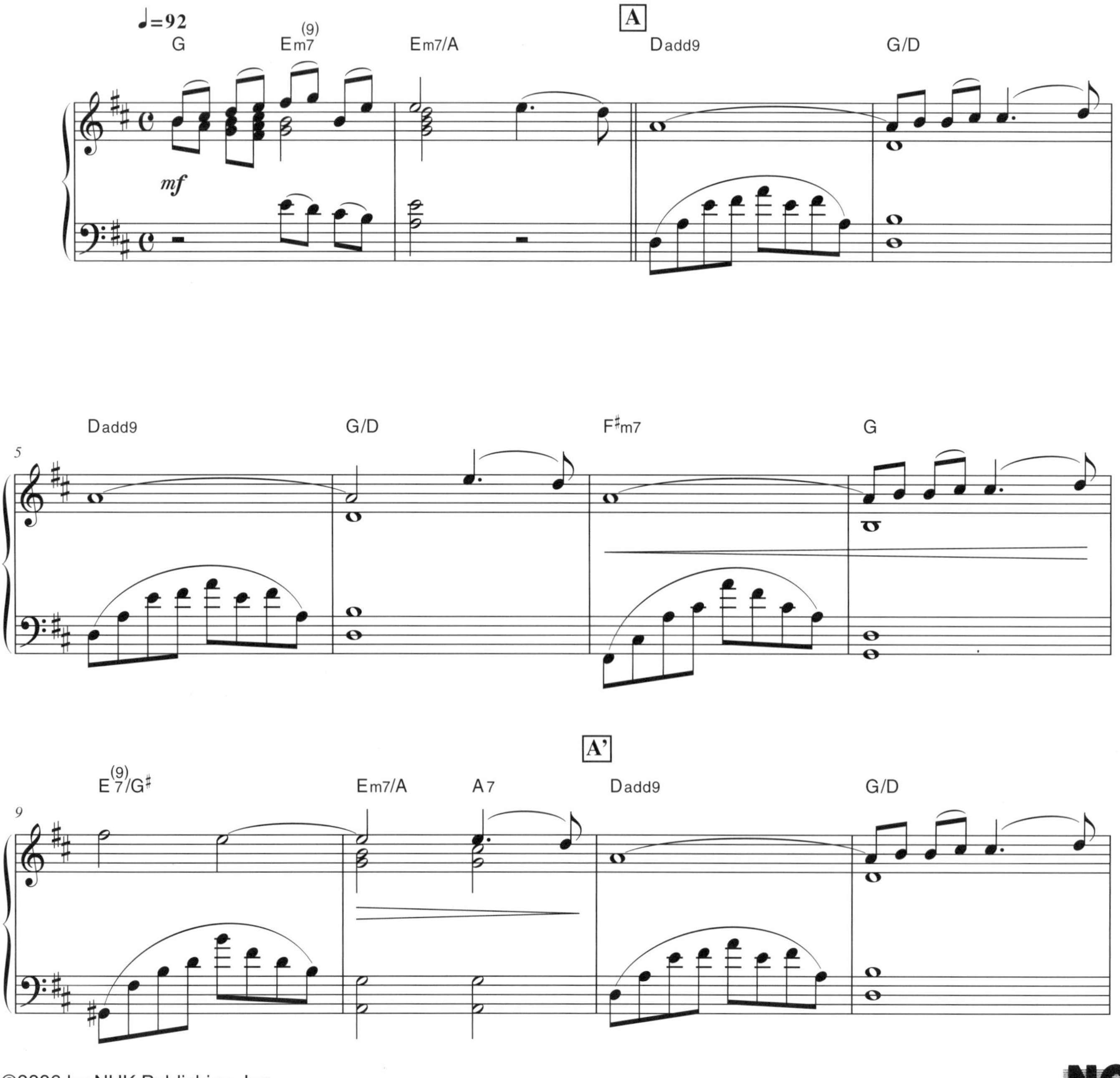

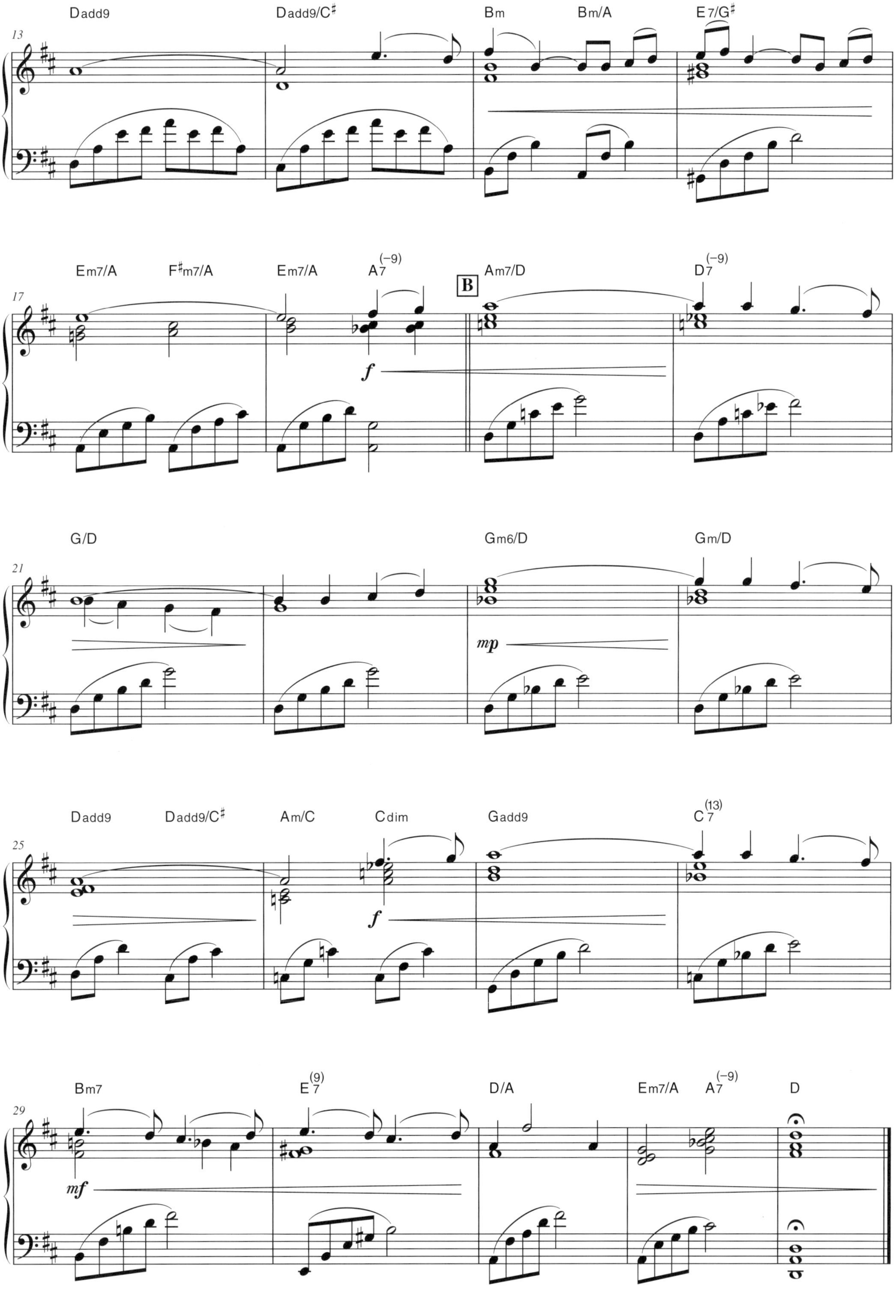
Dadd9 Dadd9/C♯ Bm Bm/A E7/G♯
13
Em7/A F♯m7/A Em7/A A7(−9) Am7/D D7(−9)
17
B
f
G/D Gm6/D Gm/D
21
mp
Dadd9 Dadd9/C♯ Am/C Cdim Gadd9 C7(13)
25
f
Bm7 E7(9) D/A Em7/A A7(−9) D
29
mf

作曲家 message

“朝ドラ” を意識せずに作ってほしい。と言われて出来た曲が、このテーマ曲です。初めて役者さんの本読みに立ち会わせていただいた事も、曲作りの参考になりました。主役のこころちゃんの前向きに生きようとする姿勢、彼女の内面に秘める想いを表現する曲になっているんじゃないかと思います。イタリアの古い映画音楽をかけながら、昔のアルバムを開いている……そんなイメージで作った曲です。是非、想像しながら演奏してください。 （吉保 良）

作曲 吉保 良

こころ

（「こころ」テーマ）

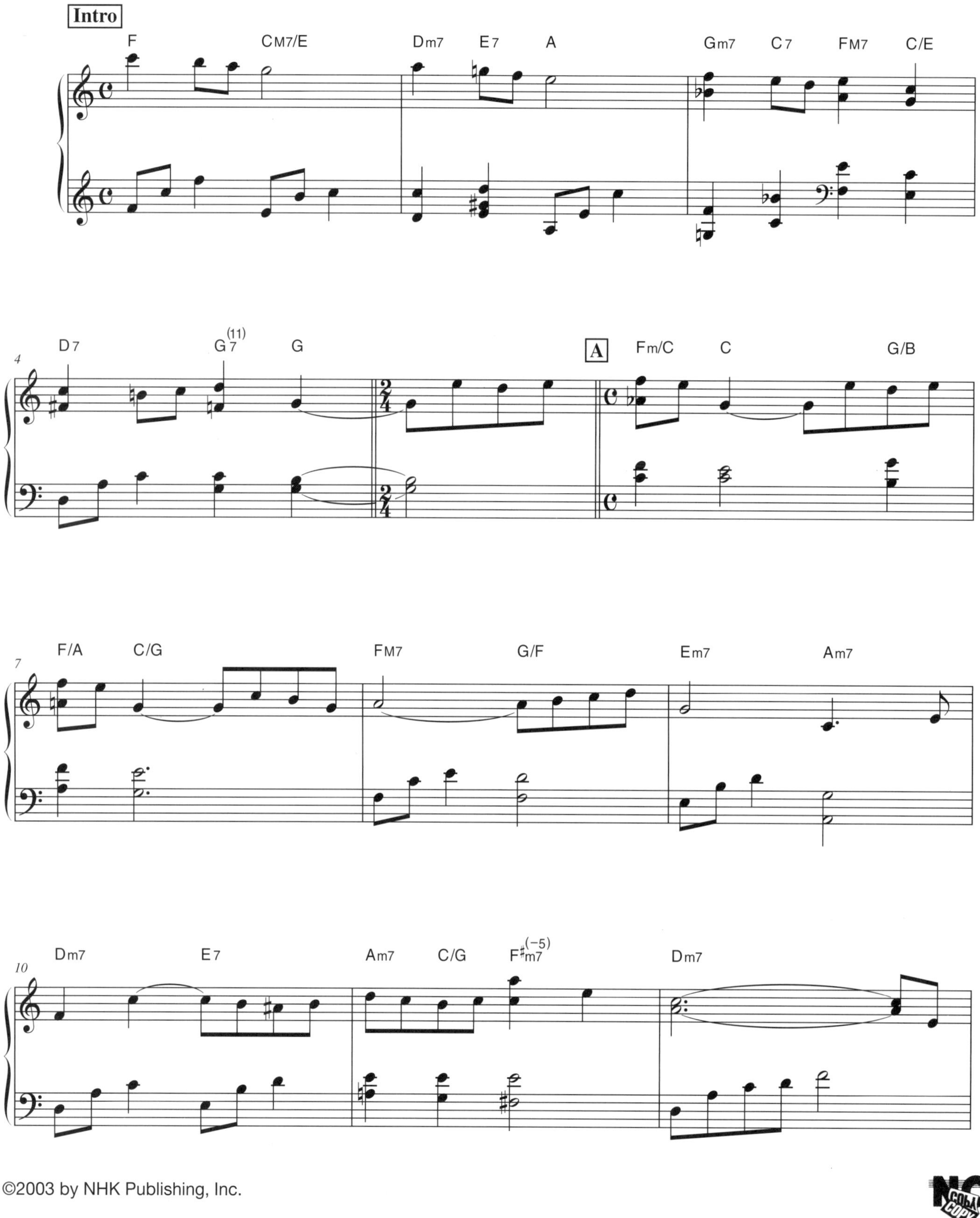

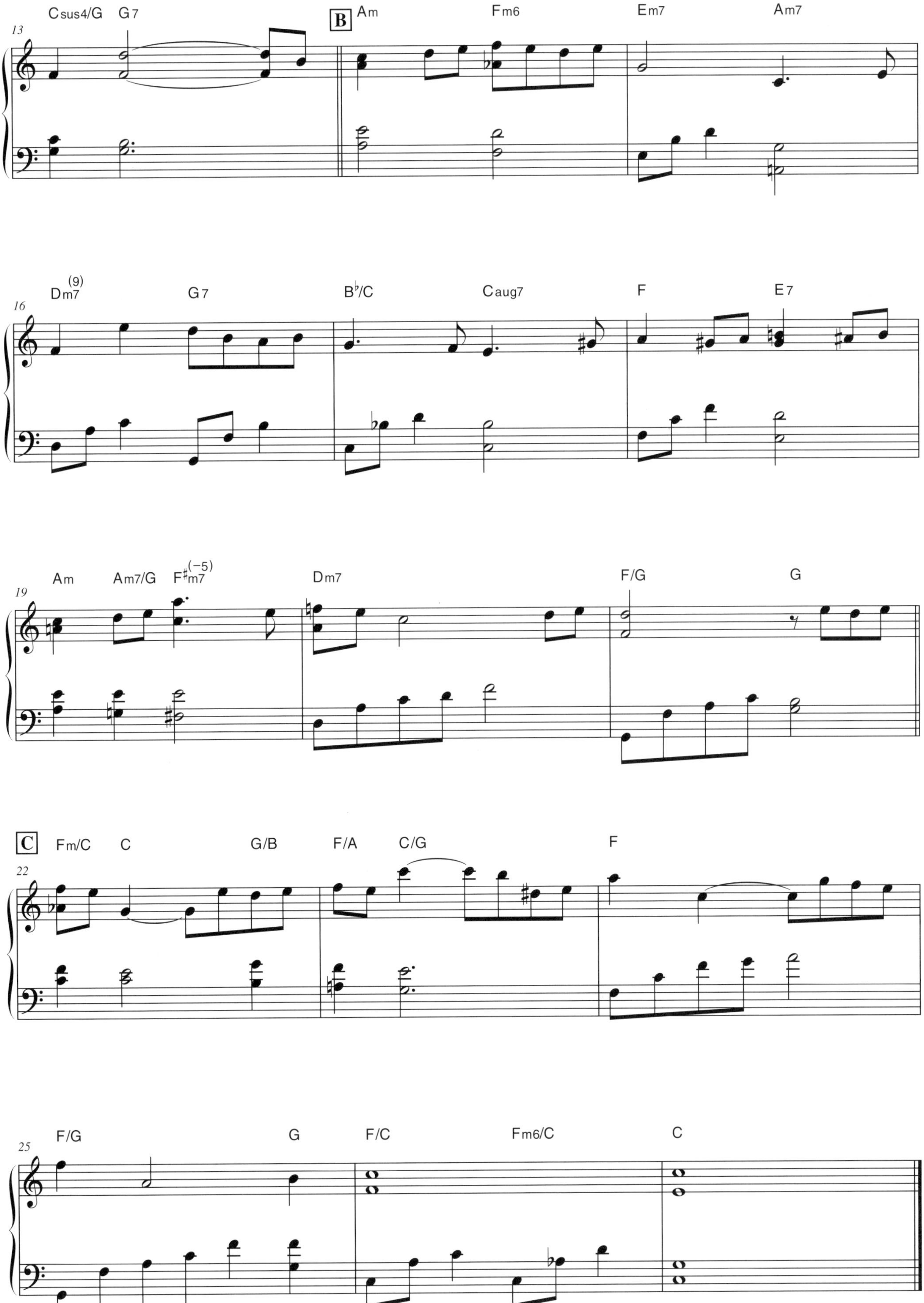
13
Csus4/G
G7
B
Am
Fm6
Em7
Am7
16
Dm7(9)
G7
B♭/C
Caug7
F
E7
19
Am
Am7/G
F♯m7(−5)
Dm7
F/G
G
C
22
Fm/C
C
G/B
F/A
C/G
F
25
F/G
G
F/C
Fm6/C
C

作曲・ピアノ編曲　千住 明

作曲家 message

「ほんまもん」の主人公、山中木葉に対する応援歌として書いたこのテーマ曲は、同時に夢を叶えようと努力している全ての人への応援歌でもあります。自分を信じて、困難にもチャンスにも、喜びにも悲しみにも立ち向かってほしいと願いを込めました。妹・千住真理子のヴァイオリンをフィーチャーし、僕達兄妹の共演の代表作にもなりました。（千住 明）

君を信じて ～「ほんまもん」メイン・テーマ～

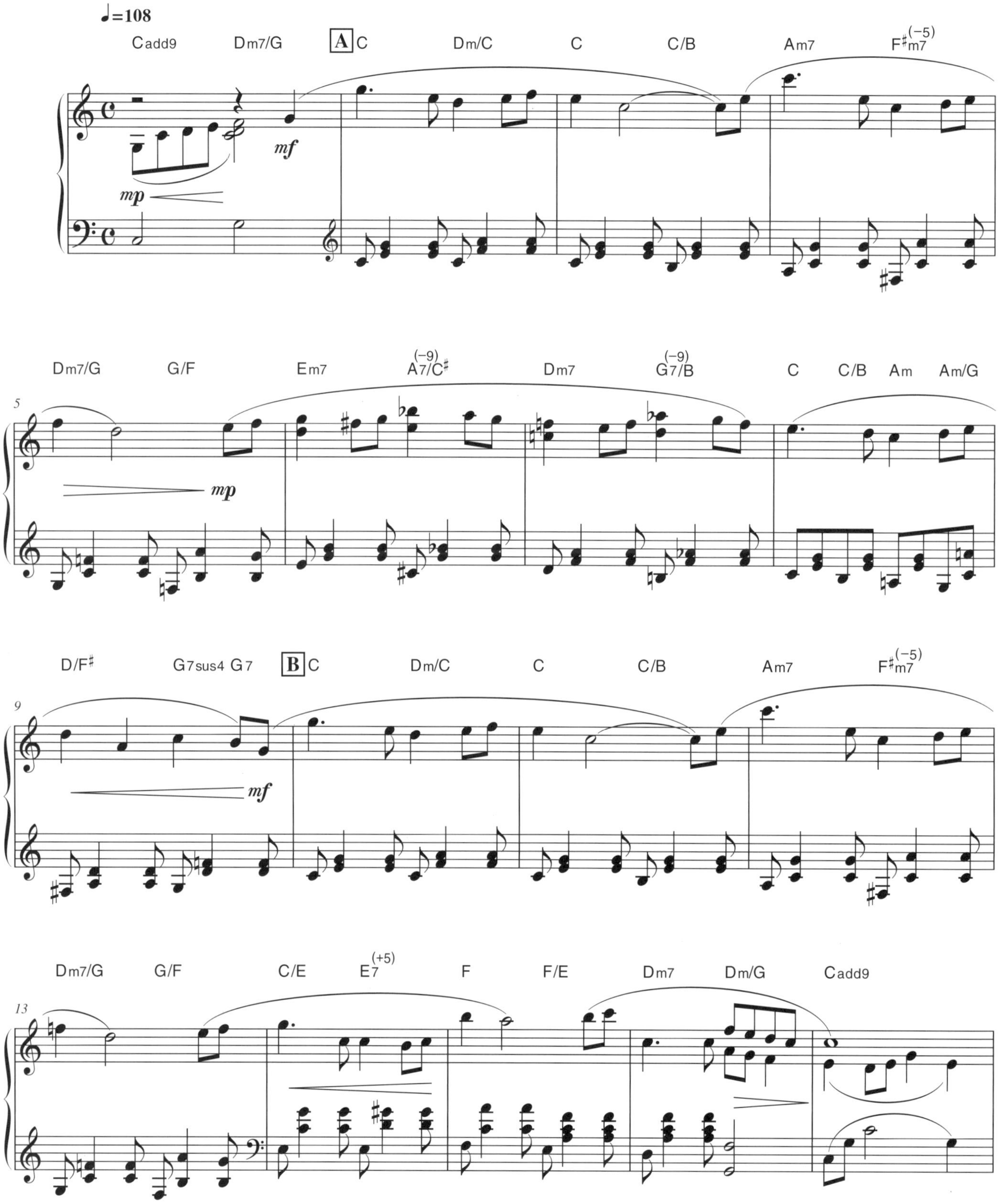

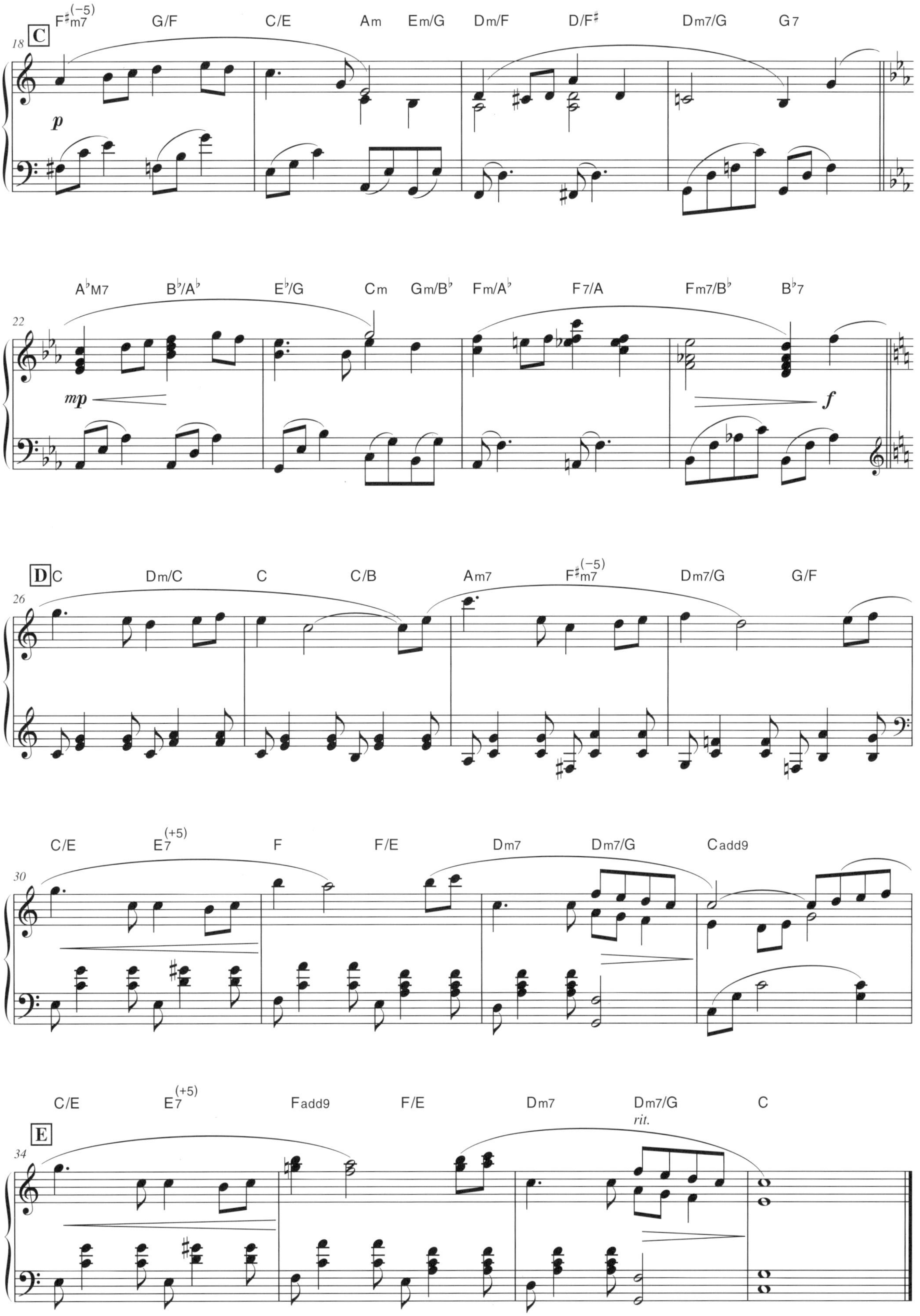
C
18
F♯m7(−5) G/F C/E Am Em/G Dm/F D/F♯ Dm7/G G7
p
22
A♭M7 B♭/A♭ E♭/G Cm Gm/B♭ Fm/A♭ F7/A Fm7/B♭ B♭7
mp
f
D
26
C Dm/C C C/B Am7 F♯m7(−5) Dm7/G G/F
30
C/E E7(+5) F F/E Dm7 Dm7/G Cadd9
E
34
C/E E7(+5) Fadd9 F/E Dm7 Dm7/G C
rit.

作曲家 message

主な楽曲はチェコ・プラハで収録。実質「チェコ・フィル」。録音当日、リハーサルを聞く限り、指定したメトロノーム記号よりかなり遅いテンポ。指揮者に確認を求めたところ、「テンポは間違っていない。」と言い切る。そこで、クリックを鳴らし、再度、テンポ修正を希望したら、帰ってきた言葉が、「これが俺のテンポだ。」と譲らない。困惑したが、画に合わせると拡がりがより一層深く感じられ、軽快な曲が鄙で浪漫の衣を纏う仕上がりに変貌していた。塞翁が馬？

（本間勇輔）

作曲　本間勇輔

ピアノ編曲　大宝 博

「私の青空」
テーマ

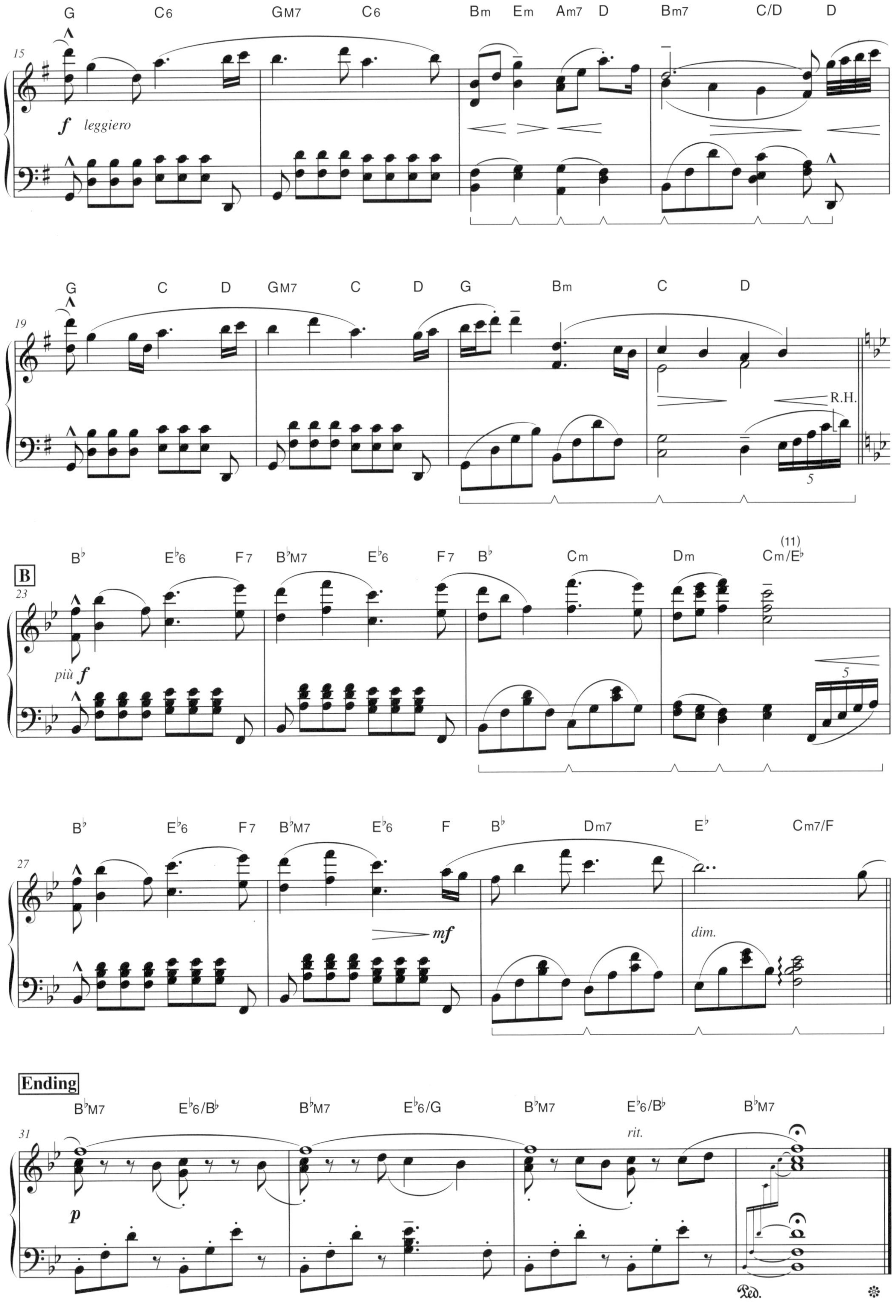
G C6 GM7 C6 Bm Em Am7 D Bm7 C/D D
15
f leggiero
G C D GM7 C D G Bm C D
19
R.H.
5
B♭ E♭6 F7 B♭M7 E♭6 F7 B♭ Cm Dm (11) Cm/E♭
B
23
più f
5
B♭ E♭6 F7 B♭M7 E♭6 F B♭ Dm7 E♭ Cm7/F
27
mf
dim.
Ending
B♭M7 E♭6/B♭ B♭M7 E♭6/G B♭M7 E♭6/B♭ B♭M7
31
rit.
p
Ped.

作曲家 message

この作品では多くの出会いがありました。オーボエ奏者の宮本文昭さん。彼の音色なくてはこのテーマ曲「風笛」は存在しなかったでしょう。あの美しい高音が朝のドラマの爽やかさと突き抜ける力を曲に与えてくれました。その後、お嬢さんの宮本笑里さんがこの曲をバイオリンで演奏してくれたり、あらゆる楽器や歌で、今でも色んな場所で演奏されている私にとっても大切な曲です。

（大島ミチル）

作曲　大島ミチル

風笛
～あすかのテーマ～

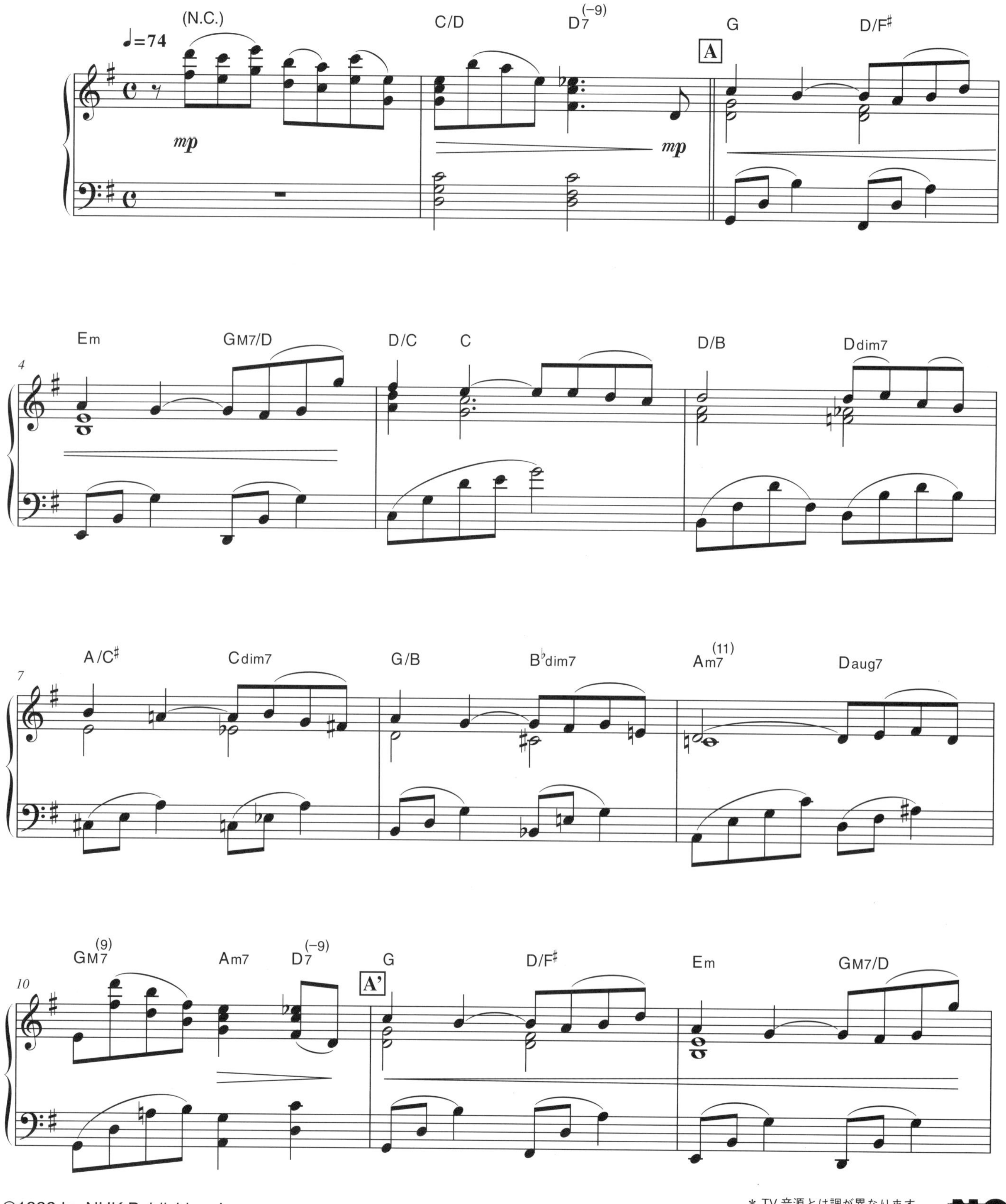

＊TV音源とは調が異なります。

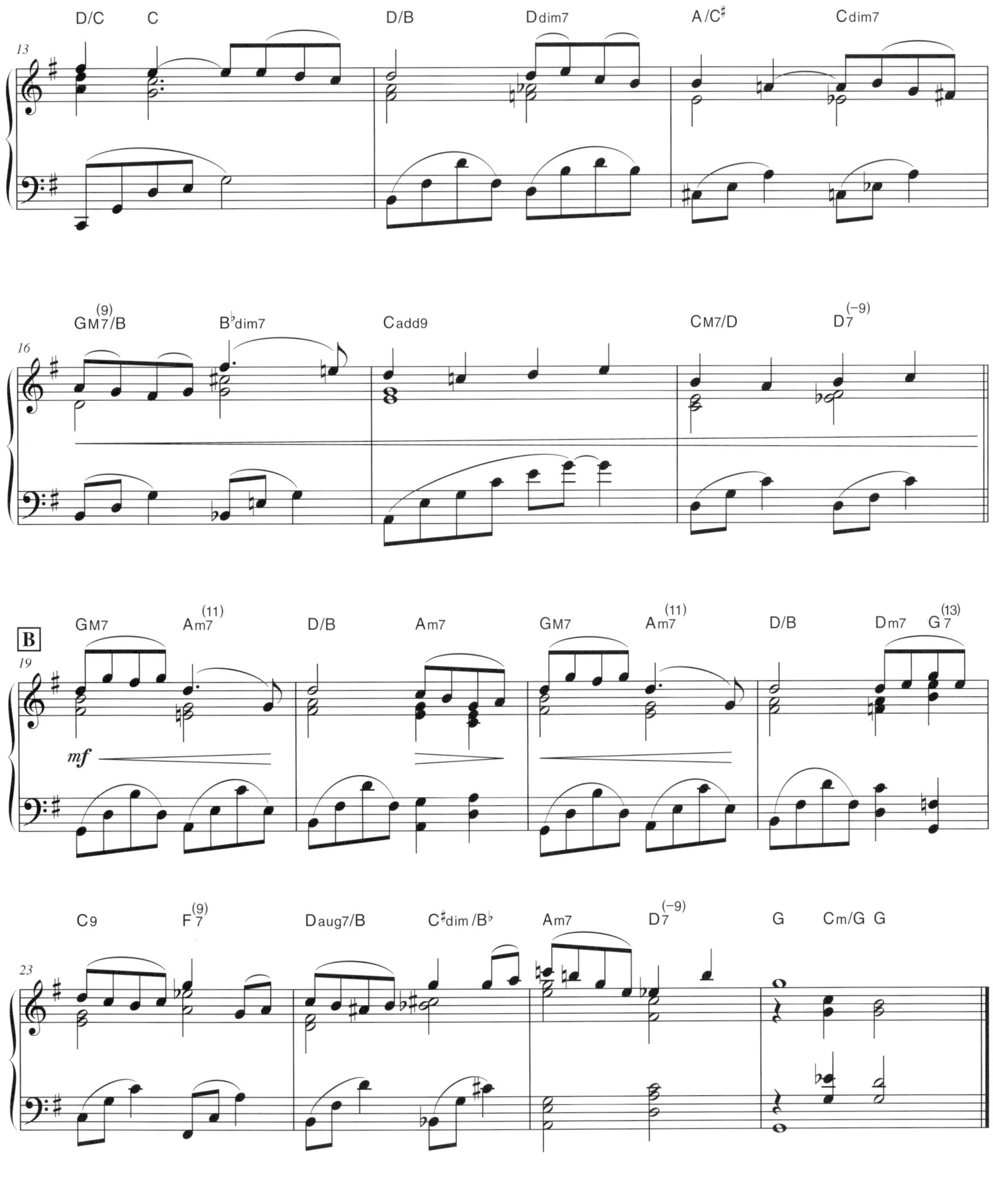
D/C C D/B Ddim7 A/C♯ Cdim7
13
GM7(9)/B B♭dim7 Cadd9 CM7/D D7(−9)
16
B
GM7 Am7(11) D/B Am7 GM7 Am7(11) D/B Dm7 G7(13)
19
mf
C9 F7(9) Daug7/B C♯dim/B♭ Am7 D7(−9) G Cm/G G
23

作曲家 message

将来への「憧れ」が勉学の原動力だった頃、朝ドラの音楽担当も「憧れ」の一つであった。今だから明かせる恥ずかしい裏話だが、大学時代に「もしも朝ドラから依頼されたら」との妄想を胸に、この楽曲の片鱗を作曲していたほどである。とくに「あぐり」の前シーズンまでは「主題歌」がオープニングだったが、突如「主題曲」となる幸運にも恵まれた。「主題曲」のヴァイオリン独奏者、矢部達也氏とは今でも、親交を深め合う間柄である。

（岩代太郎）

作曲・編曲　岩代太郎

ピアノ編曲　竹内 淳

素晴らしき日々へ

（「あぐり」テーマ）

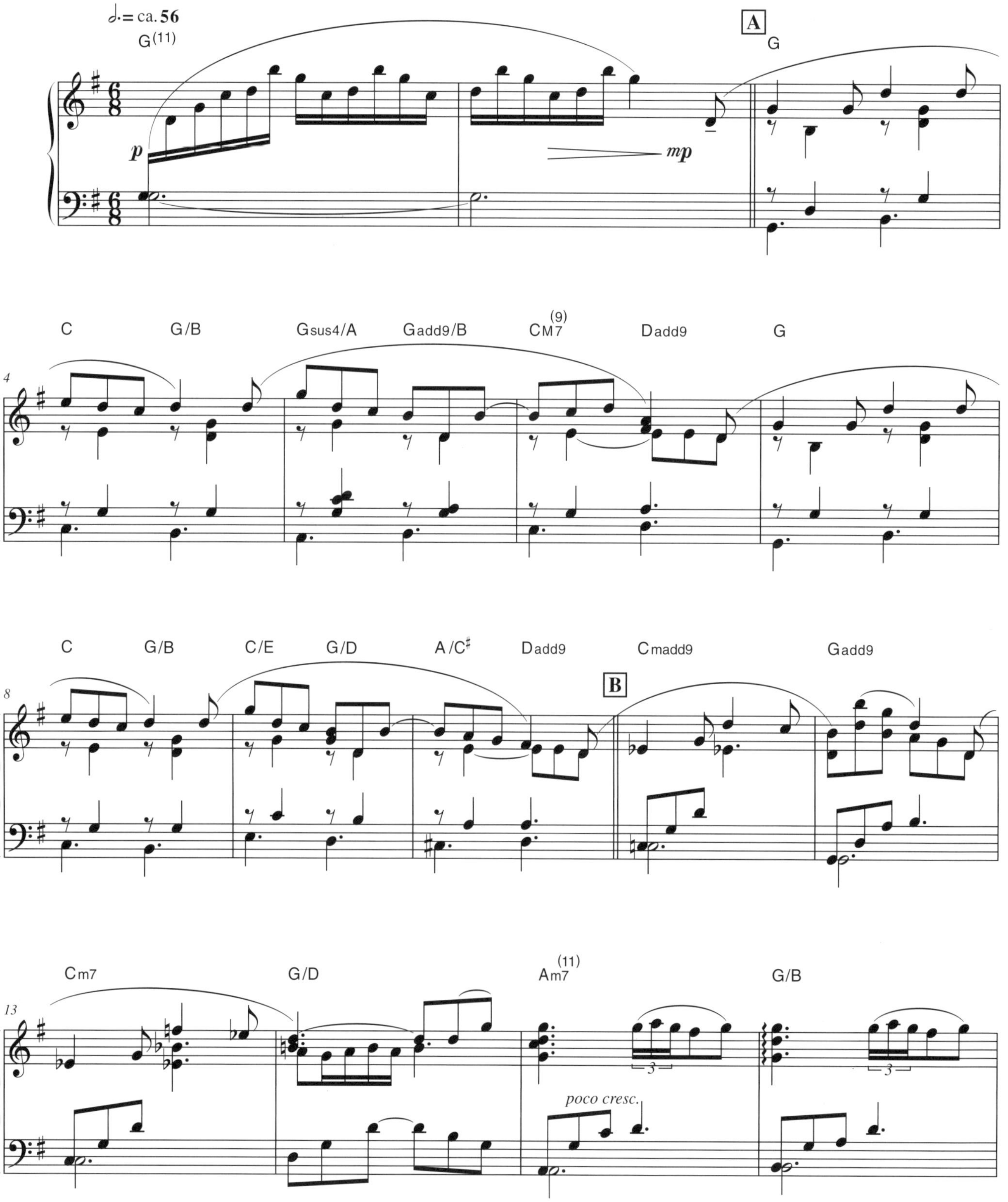

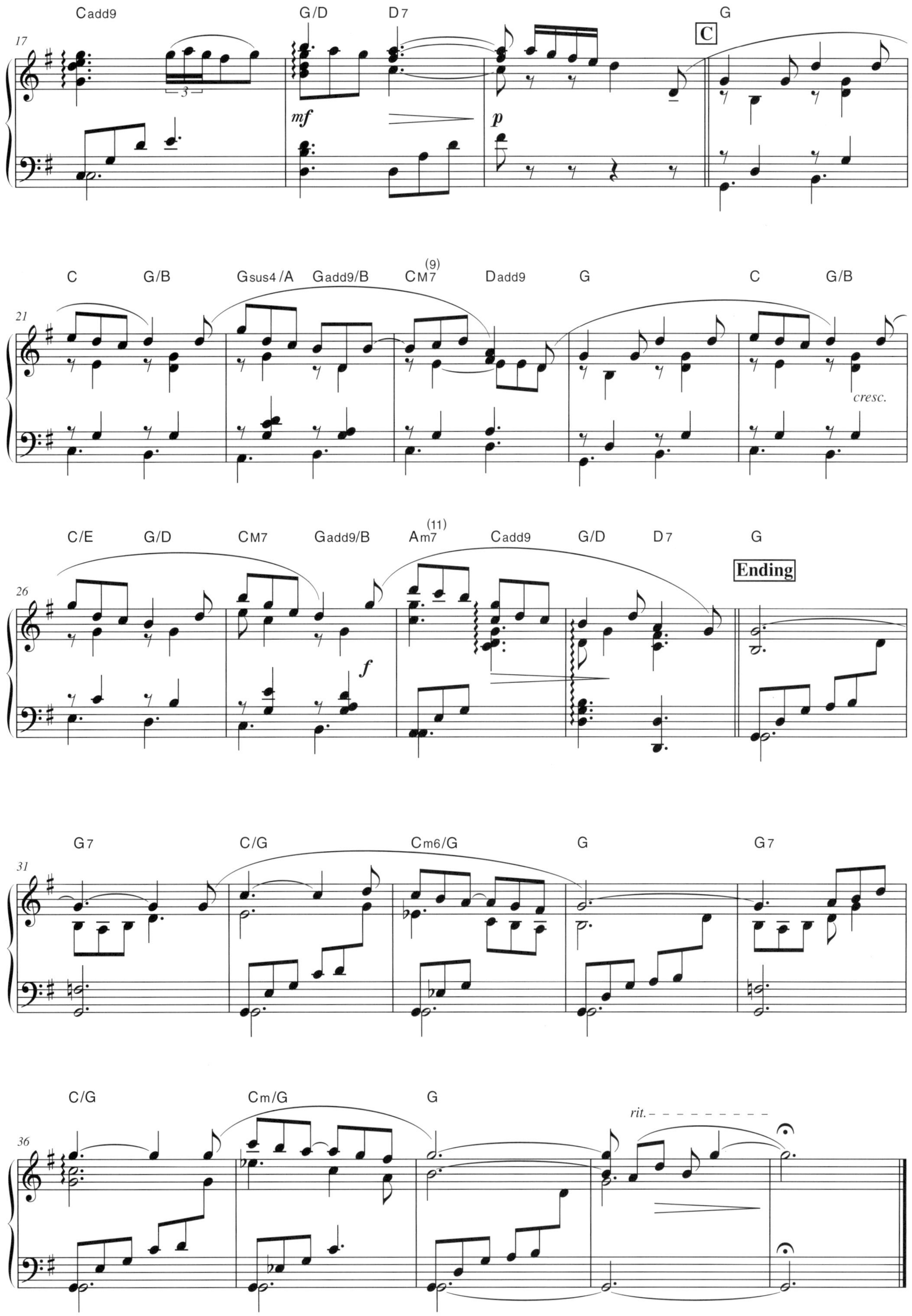
17
Cadd9
G/D
D7
C
G
mf
p
21
C
G/B
Gsus4/A
Gadd9/B
CM7(9)
Dadd9
G
C
G/B
cresc.
26
C/E
G/D
CM7
Gadd9/B
Am7(11)
Cadd9
G/D
D7
Ending
G
f
31
G7
C/G
Cm6/G
G
G7
36
C/G
Cm/G
G
rit.

作曲 朝川朋之
ピアノ編曲 アベタカヒロ、朝川朋之

純ちゃんの応援歌 メイン・テーマ

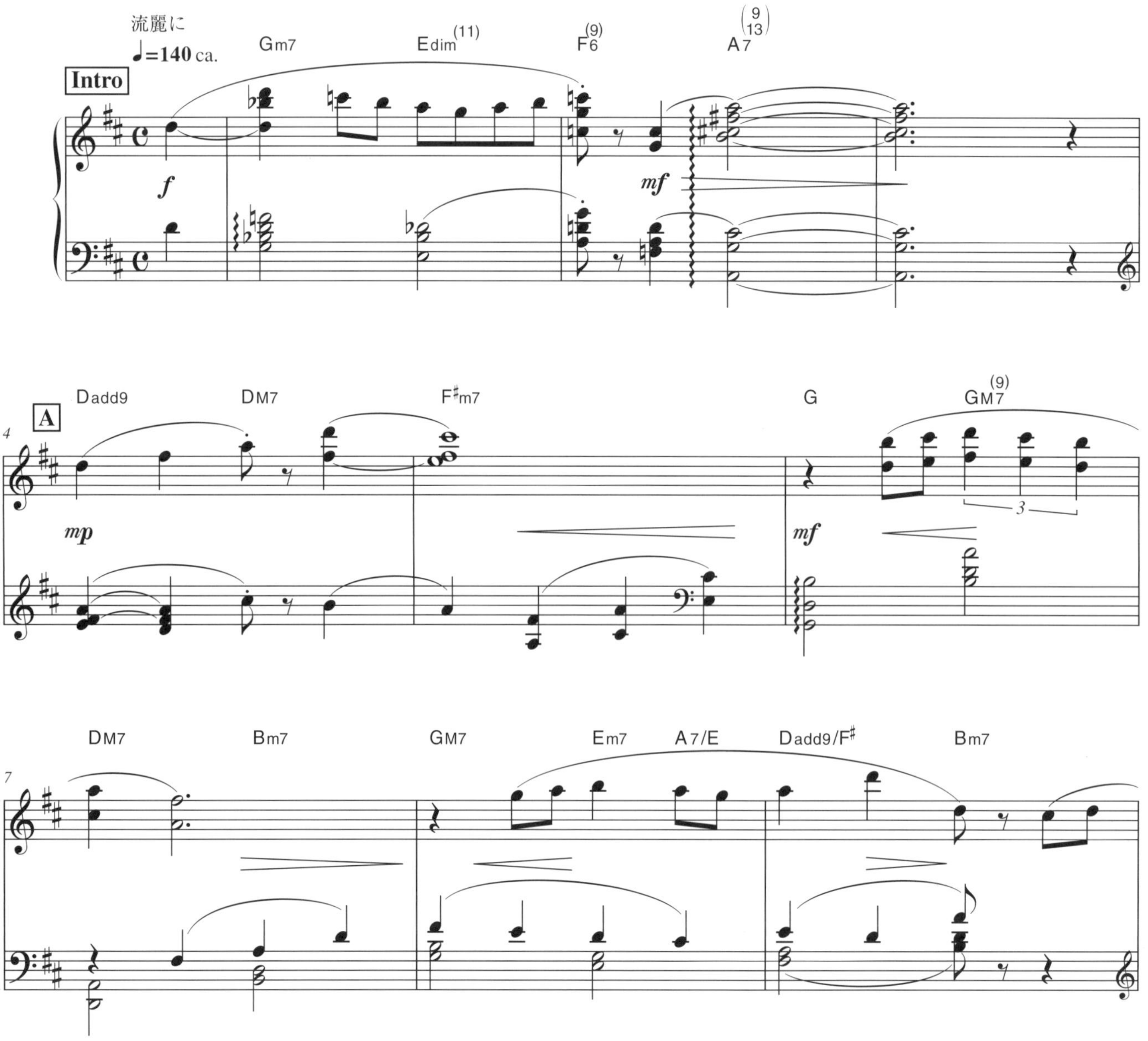

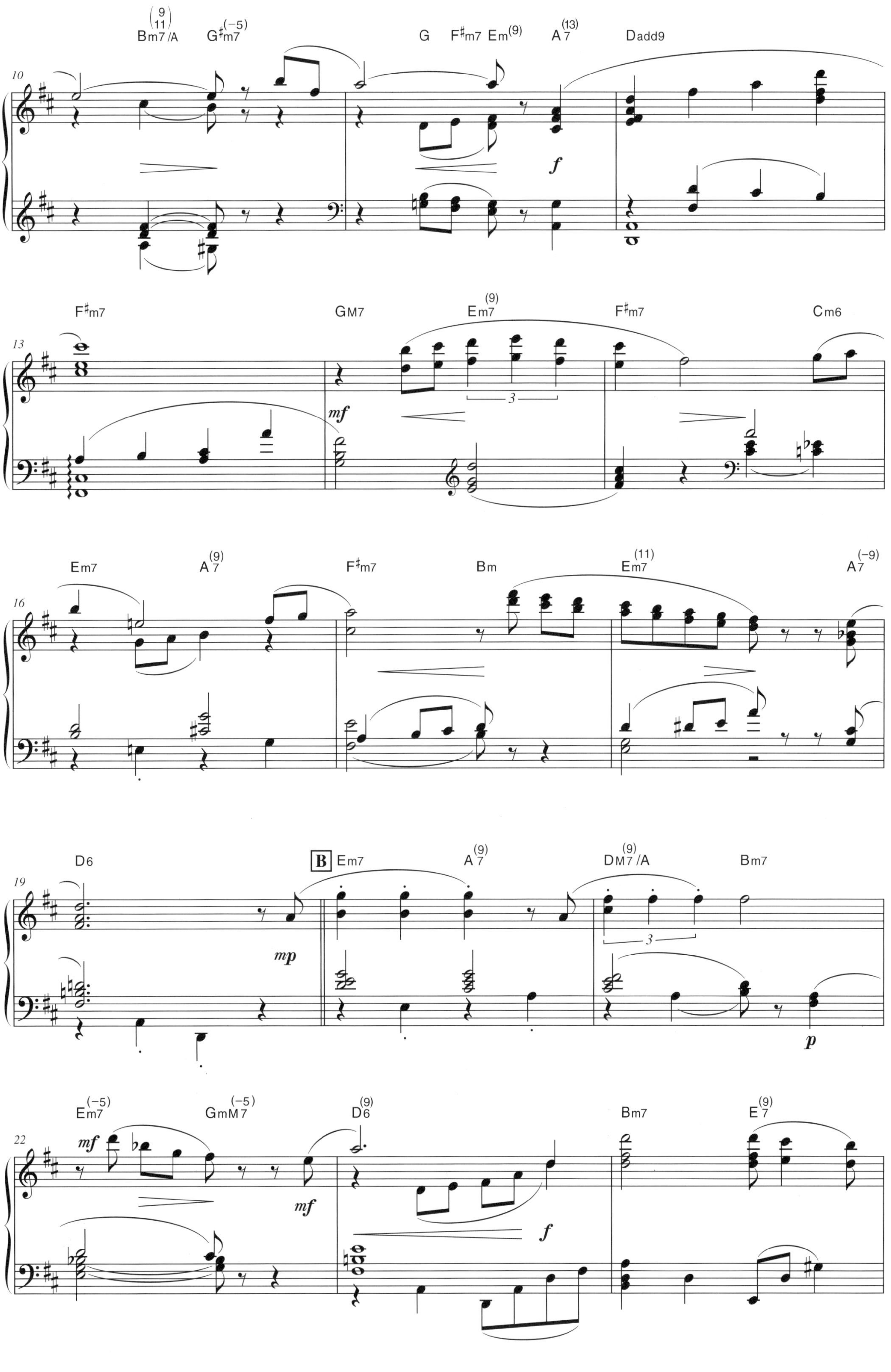
Bm7(9 11)/A G♯m7(−5) G F♯m7 Em(9) A7(13) Dadd9
10
f
F♯m7 GM7 Em7(9) F♯m7 Cm6
13
mf
3
Em7 A7(9) F♯m7 Bm Em7(11) A7(−9)
16
D6 B Em7 A7(9) DM7(9)/A Bm7
19
mp
3
p
Em7(−5) GmM7(−5) D6(9) Bm7 E7(9)
22
mf
mf
f

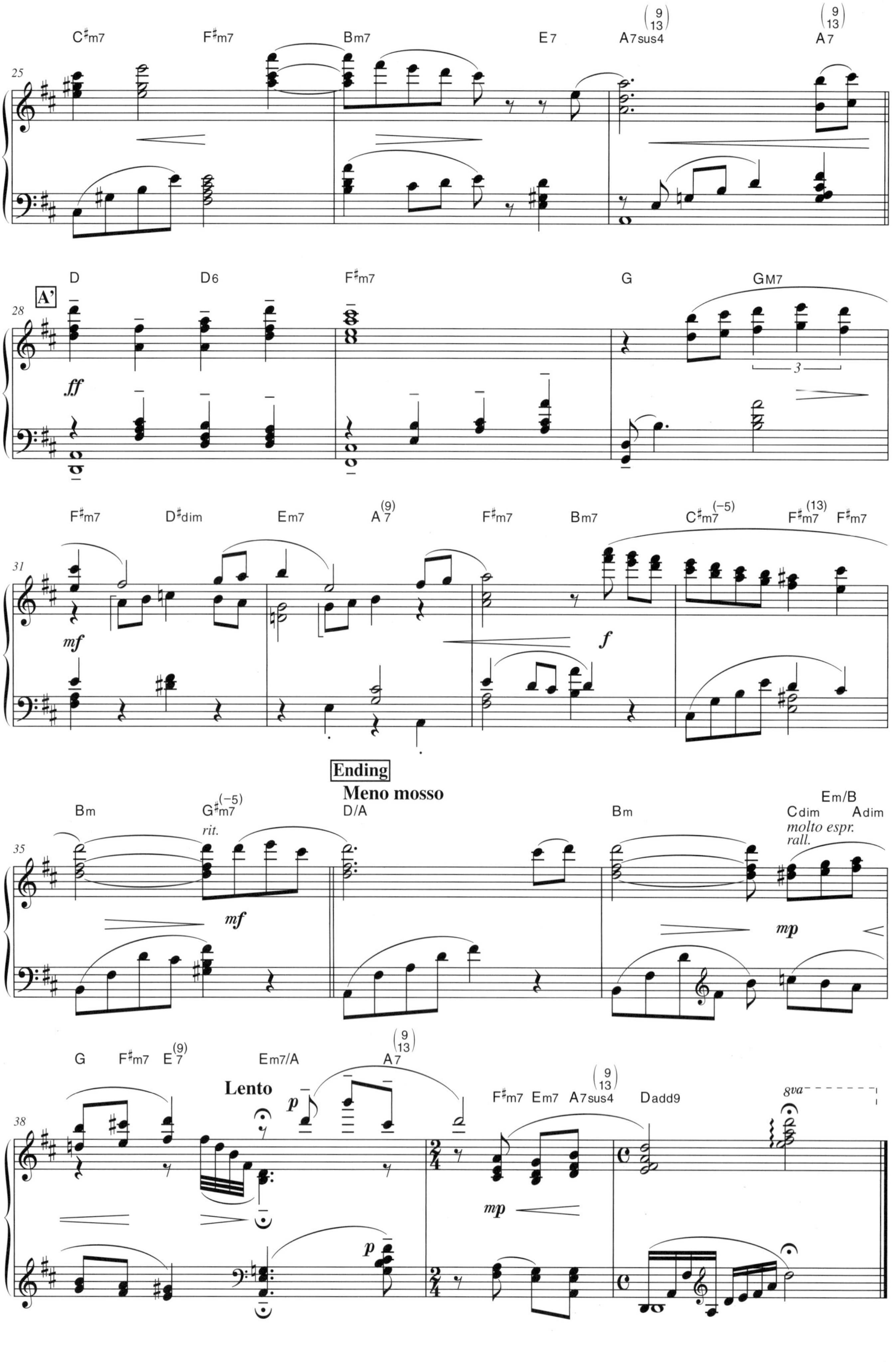
C♯m7 F♯m7 Bm7 E7 A7sus4(9 13) A7(9 13)
A'
D D6 F♯m7 G GM7
ff
F♯m7 D♯dim Em7 A7(9) F♯m7 Bm7 C♯m7(−5) F♯m7(13) F♯m7
mf
f
Ending
Meno mosso
Bm G♯m7(−5) D/A Bm Cdim Em/B Adim
rit.
molto espr.
rall.
mp
G F♯m7 E7(9) Em7/A A7(9 13)
Lento
p
F♯m7 Em7 A7sus4(9 13) Dadd9
8va

作曲　　坂田晃一

おしん
テーマ音楽

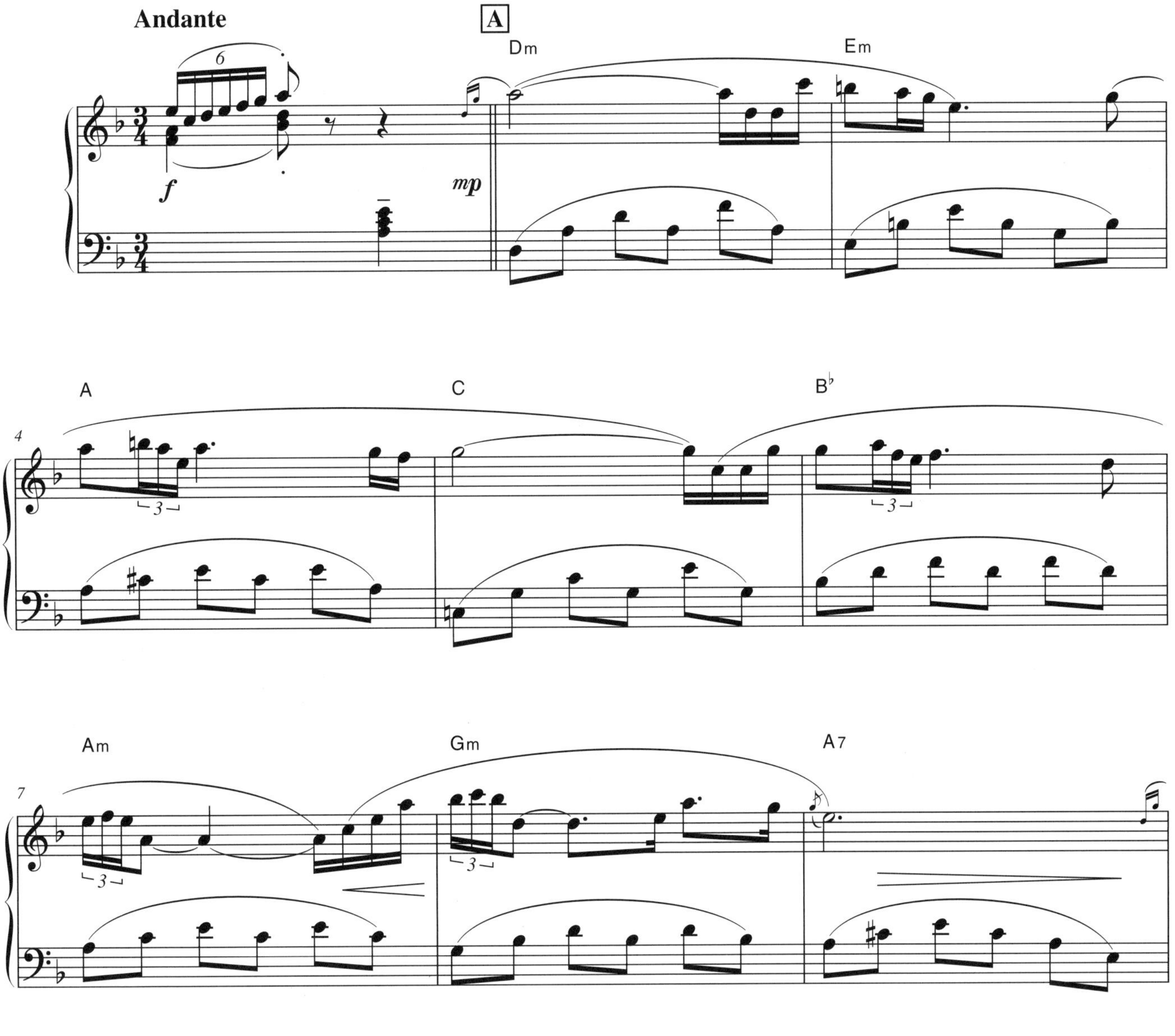

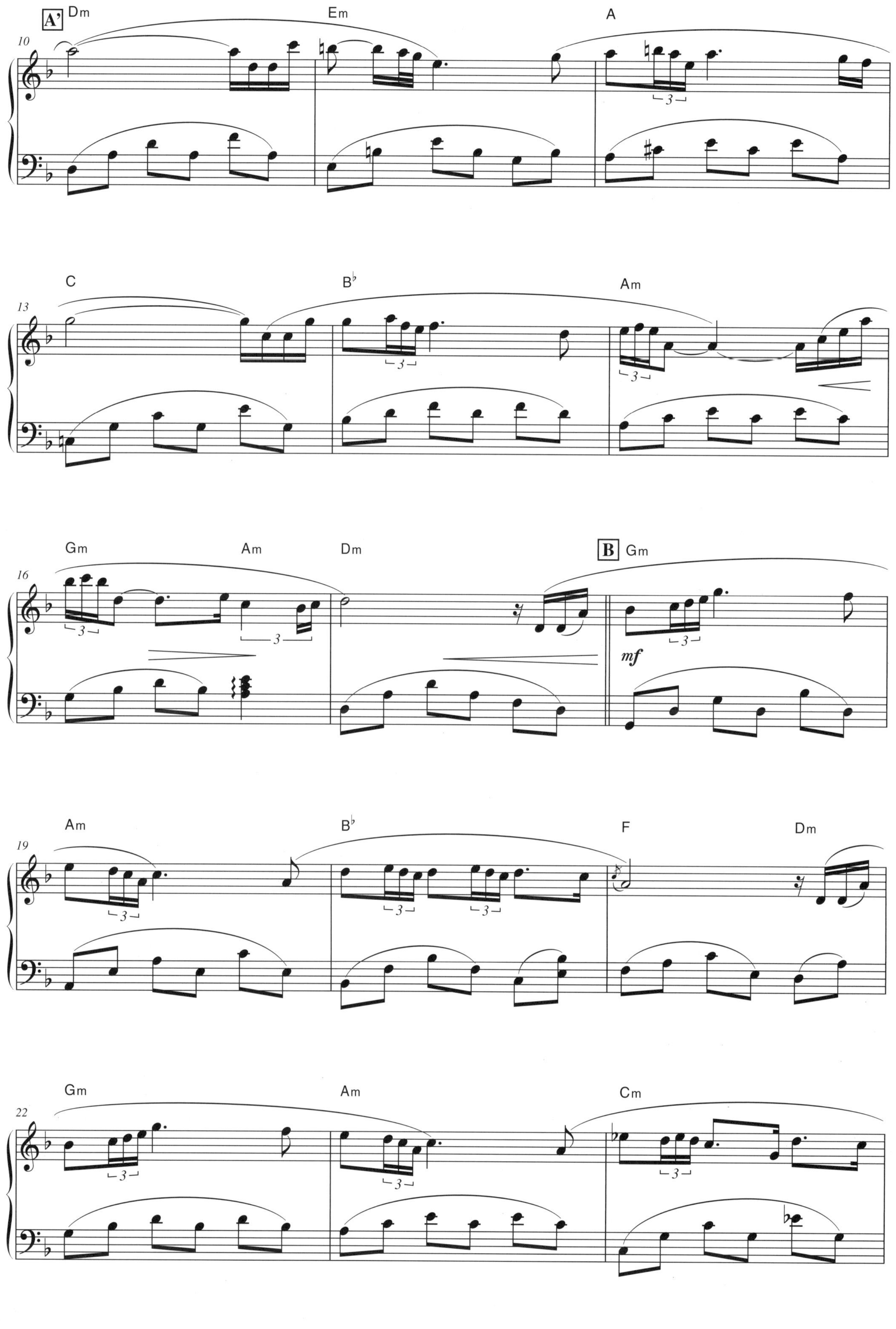
A’
Dm
Em
A
10
C
B♭
Am
13
Gm
Am
Dm
B
Gm
16
mf
Am
B♭
F
Dm
19
Gm
Am
Cm
22

Gm
Dm
Am
25
F
Gm
Dm
Dm/C
Bm7(−5)
Gm6/B♭
Am
28
Dm
C
Em
31
A
C
B♭
34
Am
Gm
Am
Dm
37

作曲　大野雄二
ピアノ編曲　アベタカヒロ

マー姉ちゃん テーマ音楽

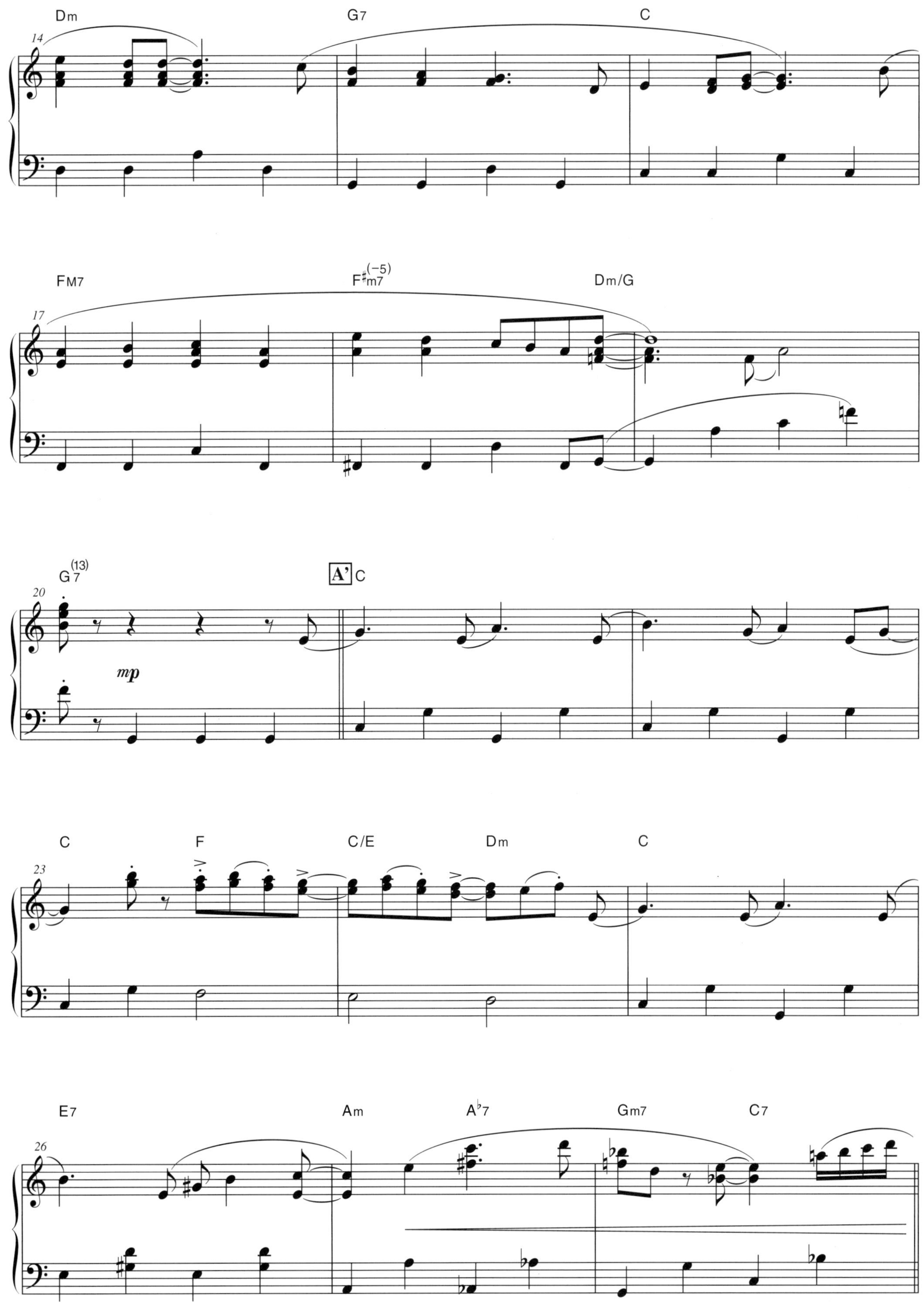
Dm
G7
C
14
FM7
F♯m7(−5)
Dm/G
17
G7(13)
A'
C
20
mp
C
F
C/E
Dm
C
23
E7
Am
A♭7
Gm7
C7
26

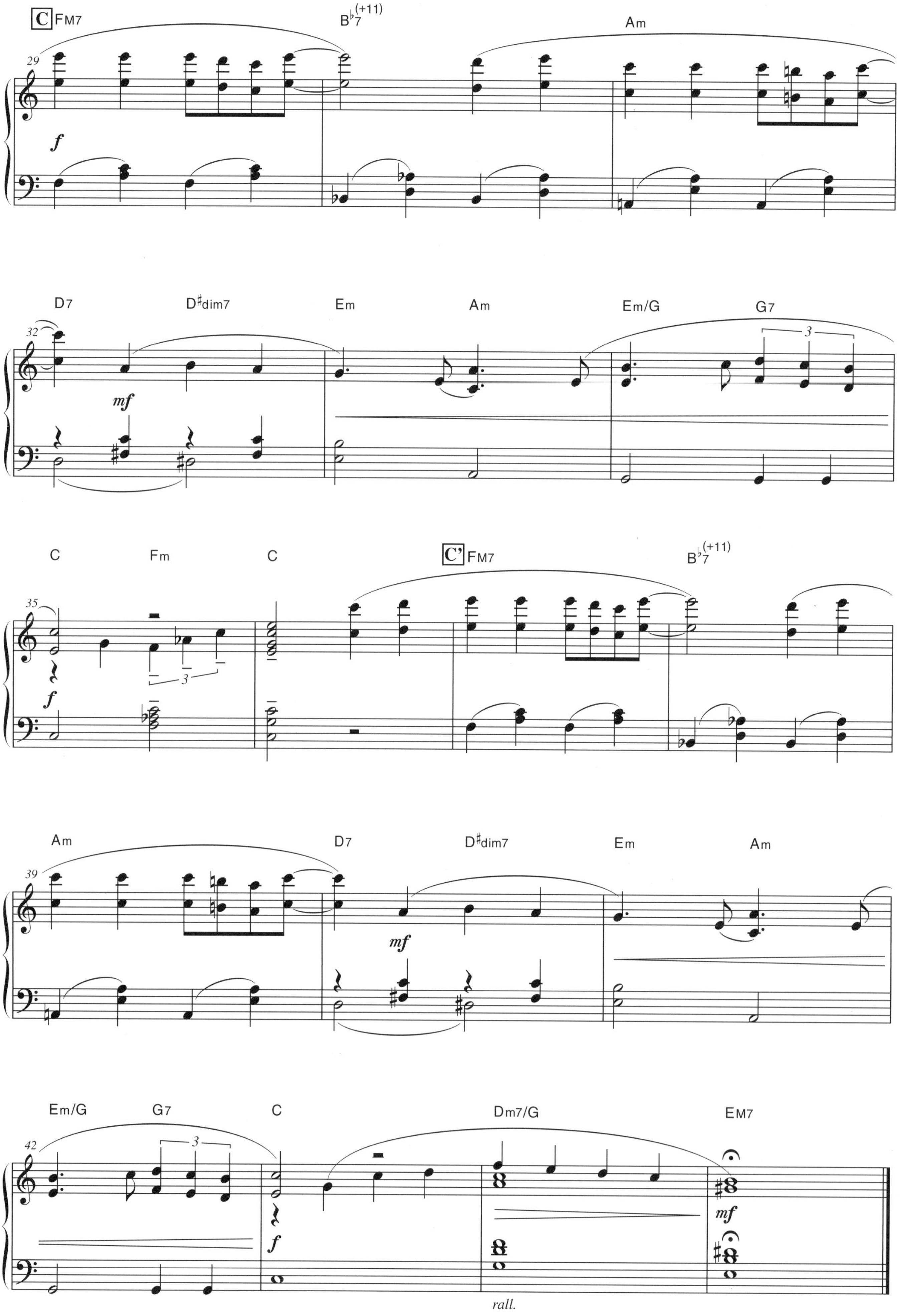
C FM7
B♭7(+11)
Am
29
f
D7
D♯dim7
Em
Am
Em/G
G7
32
mf
3
C
Fm
C
C' FM7
B♭7(+11)
35
f
3
Am
D7
D♯dim7
Em
Am
39
mf
Em/G
G7
C
Dm7/G
EM7
42
3
f
mf
rall.